讨喜
让对方接受你

超訳 カーネギー 人を動かす

【日】弓场隆 编著

孙萌 译

浙江人民出版社

图书在版编目（CIP）数据

讨喜：让对方接受你/（日）弓场隆编著；孙萌译.
－－ 杭州：浙江人民出版社，2021.10
ISBN 978-7-213-10254-7

Ⅰ．①讨… Ⅱ．①弓… ②孙… Ⅲ．①人际关系学
Ⅳ．① C912.11

中国版本图书馆 CIP 数据核字（2021）第 152862 号

浙 江 省 版 权 局
著 作 权 合 同 登 记 章
图字：11-2019-238 号

超訳カーネギー人を動かす

Choyaku Carnegie Hito wo Ugokasu

Copyright © 2018 by Takashi Yumiba

Original Japanese edition published by Discover 21, Inc., Tokyo, Japan
Simplified Chinese edition is published by arrangement with Discover
21, Inc. through Hanhe International(HK) Co.,Ltd.

讨喜：让对方接受你

（日）弓场隆　编著　孙萌　译

出版发行　浙江人民出版社（杭州市体育场路347号　邮编　310006）
　　　　　市场部电话：(0571) 85061682　85176516
责任编辑：毛江良
营销编辑：陈雯怡　赵　娜　陈芊如
责任校对：朱　研
责任印务：刘彭年
封面设计：琥珀视觉
电脑制版：北京弘文励志文化传播有限公司
印　　刷：杭州丰源印刷有限公司
开　　本：787毫米×1092毫米　1/32　印　张：5.5
字　　数：50千字　　　　　　　　　插　页：1
版　　次：2021年10月第1版　　　印　次：2021年10月第1次印刷
书　　号：ISBN 978-7-213-10254-7
定　　价：48.00元

如发现印装质量问题，影响阅读，请与市场部联系调换。

戴尔·卡耐基

戴尔·卡耐基，美国人际关系学大师。1888年出身于密苏里州的一个农村家庭，在家中排行老二。在卡耐基的童年时代，村里的集会上会有人发表演讲，他曾多次去听。演讲者意气风发、听众如痴如醉的场面让他印象深刻，因而高中时，他加入了辩论社团，学习了许多辩论的技巧。

高中毕业后，卡耐基进入当地一所州立师范大学学习。因为家境贫寒，付不起住宿费，所以他只能住在家里。每天凌晨3点，他就得起床喂猪、挤牛奶，忙完农活后再去学校上学。但他并没有忘记演讲梦，一有时间，他就去河边练习演讲。他的努力终于结出硕果，在大学的对抗辩论赛上，他多次获得压倒性的胜利。因此，一些学生慕名来学习，卡耐基便通过教授演讲方法以贴补家用。

大学毕业后，卡耐基先是在内布拉斯加州的一家通信教育公司做上门推销员，销售教材。后来在一家食品公司做销售员，销售培根和猪油。他在食品公司的销售业绩非常好，经常是他所在片区的销售冠军。

之后，卡耐基想成为一名作家，不料，他四处碰壁。无奈之下，他进入纽约的一所演员培训学校，开始学习演技。随后，他加入了一家马戏团演出公司，去全国各地巡回演出。可当他真正踏上舞台时，却发现这份工作并不适合自己，于是他便放弃了演艺之路。

卡耐基在几乎身无分文的情况下回到纽约，一边销售卡车以维持生计，一边探索未来之路。有一天，卡耐基想起自己在学生时代教别人演讲所获得的好评，于是他在与当地的基督教青年会管理人员沟通后，决定为商务人士开设一个夜间演讲班。学生蜂拥而至，演讲班随即取得巨大成功，据说每周的薪酬能达到400美元（相当于现在的10000美元）。因此，卡耐基开设了戴尔·卡耐基培训学校，业务范围是包括演讲在内的成人教育。

1922年，卡耐基34岁时，将姓氏"Carnagey"改成"Carnegie"，这是因为他仰慕苏格兰实业家、"钢铁大王"安德鲁·卡耐基。

这一商业策略非常奏效，他在安德鲁·卡耐基建造的一个卡耐基礼堂里，开设了人际关系培训班，并取得了很大的成功。

1936 年，48 岁的卡耐基出版了《人性的弱点》（又译作《如何赢得友谊及影响他人》），这本书在世界各国已累计销售 1500 万册。1944 年，56 岁的卡耐基又出版了《人性的优点》（又译作《如何停止忧虑，开创人生》），此书也成为世界级畅销书。

在个人生活方面，1931 年，卡耐基与第一任妻子离婚；1944 年，他与一位名为桃乐丝·普莱斯的单身母亲再婚。桃乐丝原本是一名公司职员，也是卡耐基演讲班的学员，后来成为卡耐基的秘书，之后成为其妻子，又成为其商业伙伴。1955 年，卡耐基去世，但戴尔·卡耐基培训学校没有停下发展的脚步，现在已成为在 100 多个国家和地区设立分部，并培养出 900 多万名优秀人才的超级机构，这得益于桃乐丝独一无二的商业才能。卡耐基与桃乐丝育有一女，名为唐娜·戴尔，现任戴尔·卡耐基联合公司的董事长。

插句题外话，演讲班的学员里有年轻的林登·约翰逊（第 36 任美国总统）、沃伦·巴菲特（伯克希尔·哈撒韦公司的前任董事长）等。说到巴菲特，他因世界级投资家的名号和极富洞察力的演讲等闻名于世。他在最近的一次采访中提到，"不善言辞的我能够和心爱的女人结婚，得益于向卡耐基求教演讲方法"。

卡耐基与日本的情缘在于他先后三次访日。第一次是

1939 年 7 月，日本观光联盟（现日本国际观光振兴协会）与日本国有铁道（现日本铁路公司，即 JR）以促进美国与日本的文化交流为目的，邀请卡耐基访日。卡耐基乘坐蒸汽船到达横滨港后，与外务省代表会面，又在东京的美国人俱乐部举办了以人际关系为主题的讲座，随后，他又参观了热海、岐阜、奈良、京都、伊势、鸟羽、广岛、下关等地。卡耐基的此次日本之行持续了一周，据说，给他留下深刻印象的是伊势神宫和御木本真珠岛。

卡耐基第二次访日是 1939 年 9 月，逗留了四天。其间，他参观了镰仓大佛。第三次是 1953 年 7 月，卡耐基与日本友人游览了京都。

1955 年，67 岁的卡耐基在家中去世。他的不朽名作《人性的弱点》和《人性的优点》至今仍影响着世界各地的人。

弓场隆

序 言

　　当今社会需要一些有实际价值的书向人们解释如何理解人性，如何与人合作，如何被人喜欢，如何得到别人的肯定，但据我所知，这类书暂时还没有。

　　因此，我决定以自身的经历写一本这样的书，我想，大家肯定会喜欢它。在写这本书时，我曾参考了许多著名心理学家的作品。此外，我还通过阅读历史上的伟人的自传和人物传记等，研究他们在维护人际关系上曾做出的尝试与努力。

　　随后，我举办了一场研讨会，鼓励所有与会者在职场和生活中按我倡导的人际关系原则做一系列的尝试。他们表现出了极大的积极性，并对参与这一新实验感到兴奋无比。

　　本书是根据许多人的经验而创作的具有划时代意义的作品。我倡导的人际关系原则不仅仅是某种理论或某种不切实际的推理。在现实生活中，这些原则发挥了非常神奇的作用。也许你不相信，但如果你能将这些原则运用于日常生活，我敢保证，你的生活极有可能会发生戏剧性的变化。

有这样几个具体的事例供你参考。

一位拥有约300位员工的公司的总裁参加了此次研讨会。之前，他总是批评自己的员工，甚至把员工骂得一无是处，却从未说过一句鼓励的话。然而，在学习了我倡导的人际关系原则之后，这位总裁一改自己的人生信条。从此，他的公司变成了一个充满忠诚、激情和团队精神的公司。

这位总裁在演讲中自豪地说道："之前，当我走进公司时，没有一位员工搭理我，甚至连一个简简单单的招呼都没有；但现在，他们对我敞开了心扉，不再对我心存戒备了。"

据这位总裁说，相较之前，公司的销售额有了很大的增长，更重要的是，他感受到了之前从未有过的开心。

其他公司也是这样，许多销售人员在工作中因为应用了这些人际关系原则而提高了销售额，甚至在其他领域也成功地完成了自己的目标。比如，某公司的一位高管因为脾气暴躁，差点就被贴上"领导失格"的标签而被降职，但是，他通过运用人际关系的原则，非但没有被降职，反而在他 65 岁的时候升职加薪了。

此外，许多家庭主妇说："多亏丈夫参加了这个研讨会，我的家庭变得非常和睦了。"

毕业于哈佛大学、现居纽约的一位富人说："我在这个研讨会上学到了如何影响他人，比之前在大学四年间学到的东西更多。"

也许你会认为我在夸大事实而报之一笑，但我只是单纯地描述了客观事实。

世界顶尖的心理学家威廉·詹姆斯曾说过："人类拥有平日里根本展现不出来的各种各样的超能力，但因为习惯的缘故而未被加以利用。"本书的目的是，帮助你发现、发展、发挥和利用"各种未被利用的超能力"。我希望大家能积极地将这本书的内容活学活用，创造佳绩。

戴尔·卡耐基

目 录

四　不动声色地改变他人　/ 115

一

为人处世的
基本技巧

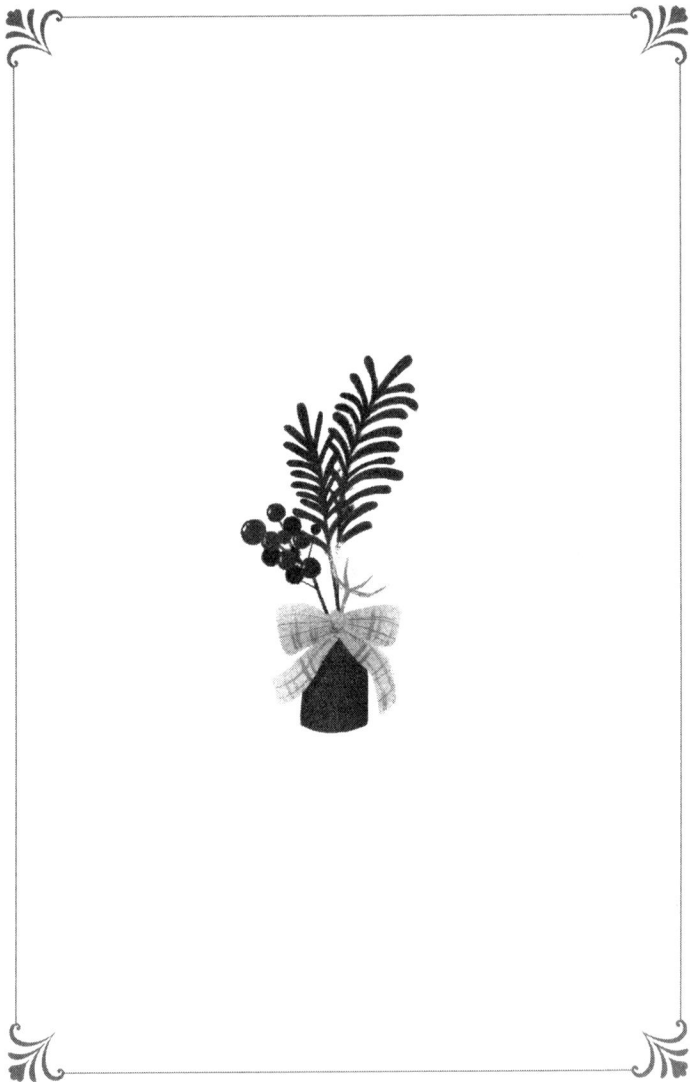

❀ 1 ❀

不要伤害对方的自尊心

有一种说法是，如果你想获得甜美的蜂蜜，不要直接去捅蜂巢。这是什么意思呢？

如果直接去捅蜂巢的话，必定会受到蜜蜂的攻击。因此，如果你想获得蜂蜜，需要使用稳妥而又安全的方法来获得蜜蜂的"帮助"，而不是以那种疯狂又危险的方式行动。

但不幸的是，在日常的人际交往中，很多人不明白这一道理。他们甚至用尽一切可能招致对方反感的言语、行动破坏人际关系，索取对方的帮助。

如果你想获得对方的帮助，就必须要谨言慎行，尽可能地避免一切损害他人自尊的言论或行为。不是威胁、强迫对方，而是努力维护对方的自尊心，谋求与对方的合作，这才是两全其美的办法。

❋ 2 ❋
不要强迫对方认错

无论你怎么争吵，无论你多么想让对方承认自己的错误，如果你强迫对方低头认错，只可能会伤害到对方的自尊心。

不留情面地指出对方的错误，也许能暂时满足你的自尊心，也许你会为自己的做法感到开心，也许你可以获得一定程度的优越感。但你要知道，指出别人的错误，是需要你付出很大的代价的。

不要总是期望对方不计得失地帮助你。即使某些时候对方在帮助你，但谁也不能保证下一秒他不会转身离开。

❊ 3 ❊

人类是感性的生物

我们经常说："那个人性情不定，很难相处。"但是，不要忘记，你自己也是一个"性情不定的人"。

事实上，可以毫不夸张地说，所有人都会不同程度地喜怒无常。无论一件事看起来多么合乎逻辑、情理，也不能固执，因为人类终究还是感性的生物，所以用逻辑思考、用感情处世，才符合人类的本性。想影响他人，首先需要明白这个道理。要尽可能用一些满足对方自尊心的方式对待别人，无论他是什么身份。

✤ 4 ✤
不要用言语伤害对方

无论你认为自己批评对方时的语气有多么柔和，这些言语都会在他心中留下无法抚平的伤痕。

如果你想在未来的几十年甚至直到生命结束都被人记恨的话，就去伤害他人吧，你可以毫不避讳地说伤害对方自尊心的话。

❋ 5 ❋

不要说别人的坏话

本杰明·富兰克林年轻的时候默默无闻，一开始，他是一个普通的印刷工人，但随着年龄的增长，他变得越来越善于与人交往，最终，他成为一名优秀的外交官。

他曾说："我从来不说任何人的不好，而只说每个人的优点。"

但令人糟心的是，很多人都很喜欢说别人的坏话，这种行为愚蠢至极。要知道，愚蠢的人都有一个共同的爱好——抱怨、贬低别人。

❈ 6 ❈

理解别人

尽量不批评别人，尽量理解别人。事情发生后，要站在他的立场上想想，为什么他会这样做。这比直接批评他更合适。这种方法还可以让自己变得更宽容、亲切。

❧ 7 ❧
世界上没有完美的人

这个世界上没有完美的人，所以，如果你非要指出他人的缺点，的确可以找到很多。但是，以这个标准评价别人，又有什么好处呢？

上帝在最后一天都不会随意评判任何一个人，更何况我们呢？随意地评判他人真的合适吗？

❈ 8 ❈

肯定别人

任何一个人被别人贬低之后都会情绪低落，任何一个人被别人穿了小鞋之后都会觉得委屈，任何一个人被别人呵斥之后都会生气难过。

受到他人批评时，都会觉得自尊心受到了伤害甚至失去努力前行的动力。然而，当得到他人的肯定时，便会情绪高昂、斗志满满。要看到他人的优点，激励他，鼓励他。

❖ 9 ❖

优秀之人的品格

何谓优秀之人？英国思想家托马斯·卡莱尔说：

"一个优秀的人最基本的品格是懂得如何待人接物。"

✤ 10 ✤
不要一味责怪别人

一位名叫约翰·沃纳梅克的商人说："我在 30 年前就已经认识到，责怪别人是一种愚蠢至极的行为。"

约翰·沃纳梅克早早地认识到了这一点，但是，我在 30 多岁时才终于明白了这句话的深刻含义。绝大多数人都是这样，无论犯了什么错误，都不想承认是自己的问题。

当你责怪别人时，可能并不能得到想要的结果。原因是，对方会坚定自己的想法，并为自己的错误找理由。

责怪别人是一种危险的行为。为什么呢？对方一旦受到责备，他的自尊心会受到伤害，并且产生防御心理，渐渐地对你产生反感。

✤ 11 ✤

激励他人

如果你说一些严厉的话，对方可能不会听。当然，如果你威胁他，也许会产生一定的效果。但那并不是对方的本意，只是暂时的效果，时间久了，对方很可能对你产生反感。

我来告诉你一个影响他人的秘诀——如果你毫不吝啬地鼓励对方："做得真好！"对方就会越来越有自信。

❋ 12 ❋

不要总挑对方的毛病

德国军队有一项军规，禁止士兵在发生事故后抱怨或批评他人。即使他们内心不满，也会被要求立刻上床睡觉，并让自己冷静下来。如果抱怨或者批评他人，他们将会受到惩罚。

有人想，如果我们的日常生活中也有这样的规则该多好啊，唠唠叨叨的父母、随意发脾气的妻子、经常呵斥下属的老板以及那些喜欢挑刺的人都应该受到惩罚。

挑别人毛病根本起不到任何作用。大多数情况下，你只会得到诸如"在那种情况下我只能这样，不然我能怎么办？"之类的借口。

✤ 13 ✤

每个人都认为自己是"清白的"

所有的暴徒都声称，"我并不是坏人，我是正义的一方"。我曾经就此与监狱长进行过深入的交流。

据监狱长说，很少有违法者认为自己是坏人。犯罪分子几乎普遍认为自己与普通人没有区别，无论他们是抢劫银行的还是谋杀的，都会为自己的行为狡辩一番："在那种情况下，我别无他法。"他们中的大多数人都不会谈及这个行为是否理性，反倒会为自己的反社会行为找各种正当的理由，且理直气壮地认为："我没有做错任何事，为什么让我进监狱？"

即使是已经被关进监狱的暴徒也可能坚称自己并不是坏人，所以，每个人都认为自己是"清白的"。

❧ 14 ❧

不要随意嘲弄他人

亚伯拉罕·林肯被尊为人际关系大师。那么，他在人际关系方面犯过错吗？

答案是肯定的。他年轻的时候，经常写信取笑、羞辱别人。但是，有一封信让他终身悔恨。

林肯在当地的报纸上以匿名信的方式讥讽过一位自大的政客，叫希尔兹。这件事成了全镇人的笑资，而希尔兹十分敏感，不允许自己的自尊心受到半点伤害，所以他非常生气。当他查出这封信的作者是林肯时，便立刻骑上马去找林肯，要与他决斗。所幸，双方友人从中极力调解，才阻止了这场闹剧。

这次经历是林肯一生中最糟糕的回忆。他从这次经历中吸取了教训，决定永远不再嘲弄任何人。

从那时起，他对任何人都不再抱有恶意，时刻把"慈悲"二字放在心里，再也没有随意嘲弄过任何人。

❧ 15 ❧

先承认自己的不足之处

古人曾说:"各扫自家门前雪,莫管他人瓦上霜。"

你也许想帮别人改正缺点,希望对方成为一个更好的人。不可否认,这是一件非常好的事情。

但是,为什么不从自身开始改正缺点,先让自己变得更好呢?对你而言,这也是自我提升的契机。而且,这不会影响到他人,自然也不会招致反感。

❧ 16 ❧

不要随意给别人贴标签

不要试图给别人贴标签，如果你站在对方的角度思考的话，便可以理解这么做对他有多么不公平，毕竟谁都不想被别人随意评价。

❧ 17 ❧

冷静一下

林肯总统曾对带领北军的米德将军下令，逮捕带领南军的李将军以结束这场战争。但米德找借口百般推辞，在这期间，李将军却带着军队逃走了。林肯非常愤怒，并写信给米德："你没有意识到事情的严重性。我对你失望透顶！"

你猜，米德读过这封信吗？

事实上并没有。因为林肯压根没有把这封信寄出。这封信是在林肯去世后，别人整理他的文件时发现的。林肯在写完这封信之后，一定想着，冷静一下。

遇到问题时，你可能会愤怒、会失落，但是请记住，先冷静一下。

❉ 18 ❉

"夸奖"是最佳解决方式

很多人觉得夸奖别人会让他们得意忘形而不再继续努力，于是便不去夸奖别人。这类人都坚信一件事，对部下、营业员、伴侣、孩子和学生，批评总比夸奖更有用，这是多么严重的错误认知。

当对方受到责骂后，不仅会对你产生反感，还会有相反的效果，越来越不想努力。可以说，这是人类的本性吧。

你是怎么样的呢？

你是受到表扬之后会更想努力，还是受到批评之后更想努力呢？

我们生命中接触到的大多数人都是感性生物。所以，即使理由再正当，批评别人也会伤害到对方的自尊心，打击对方的上进心。所以，无论对方是谁，都请你记住这一点。

❀ 19 ❀

满足自尊心

人类所追求的东西无非就那么几样，需要满足的欲望也只有八种——除了食欲、性欲和睡眠欲这三大欲望之外，还有对金钱、健康、自身幸福、子女幸福和自尊的欲望。

在这八种欲望中，很少被满足的是自尊。换句话说，它是一种想让他人重视自己的愿望。

满足自尊心是人类相较于动物而言最显著的特征之一。也就是说，我们希望凭借自己努力创造的成果，让周围的人把我们当成重要人物来看待。

如果我们的祖先不想着满足自己的自尊心，文明就不会进步。如果我们不想着满足自己的自尊心，跟动物又有什么差别？

❀ 20 ❀

赞美的巨大力量

英国作家霍尔·凯恩以《永恒之城》等杰作而闻名，深受世界各地人民的喜爱。他出生在一个贫困的家庭里，只上过八年学，那么，为什么他能成为世界上最富有的作家之一呢？

凯恩喜欢诗歌，尤其是罗塞蒂的诗歌。不仅如此，他还写了一篇文章，热情地歌颂罗塞蒂在诗歌上创造出的成就。他把这篇文章发表在杂志上，还送了一份给罗塞蒂本人。

罗塞蒂读了之后大为感动，他称赞凯恩说："一个年纪轻轻的人，就对我的诗歌有这般高超的见解，能做出这般出色的评论，他一定不简单。"接着，他邀请凯恩到伦敦，担任他的私人秘书。这也成了霍尔·凯恩一生的转折点。凯恩因为这份工作见到了许多大名鼎鼎的文豪，并受到了他们的鼓励和指导，最终也成为一代文学大家。

❧ 21 ❧

不要吝啬赞美

钢铁大王——安德鲁·卡耐基成功背后的秘诀是什么?

秘诀之一是,他无论在公众场合还是私底下,都毫不吝啬地赞美别人。

卡耐基似乎打算在他去世后也继续赞美别人。生前,他为自己写下了这样的墓志铭:

"埋葬在这里的是一位知道如何与比自己聪明的人相处的人。"

❀ 22 ❀

让赞美代替批评

约翰·洛克菲勒白手起家，从一个穷小子变成了一位成功的富商。其中一个原因，就是他会由衷地赞美别人。

举个例子，洛克菲勒的伙伴因为计划不周、措施不当等原因在南美搞砸了一桩大买卖，让石油公司亏损了一百多万美元，相当于损失了公司四成的资产。那么，洛克菲勒是怎么处理的呢？

事已至此，显然是无可奈何了。他认为，所有严厉的批评都已于事无补。于是，他用另一个办法巧妙地了结了此事——称赞自己的合作伙伴。他说，他知道对方已经尽了自己的最大努力了，并且为公司保住了六成的资产，这已经很不容易了。

洛克菲勒表达了自己对合作伙伴的认可，并说道："你已经做得很好了，如果是我，说不定还不如你呢。"

❧ 23 ❧

给予他人自信心

齐格菲尔德是一位活跃于百老汇且具有惊人成就的歌舞剧家，他有一种神奇的魔力——把人们不愿意多看一眼的女舞者变成舞台上最有魅力的尤物。经他手"变身"的女舞者不胜枚举，她们被称为"齐格菲尔德女孩"。

因为齐格菲尔德懂得如何欣赏女性以及给予她们信心，所以，女性通过他的赞美和鼓励意识到了自己的美丽之处。当然，不仅仅是口头赞赏，他还会给她们金钱上的鼓励。他把她们的薪水从每周 30 美元提高到 175 美元。

在节目上映之初，齐格菲尔德会给女主角们发送贺电，还不忘送其他女配角每人一束玫瑰花。给予他人信心不仅体现在言语上，还体现在行动上。

❧ 24 ❧

赞美家人

在许多情况下，人们并没有给予家人充分的赞美。

日常生活中，我们会烹饪食物来增强孩子和爱人的抵抗力，但往往会忽视他们的自尊心——赞美对他们的健康同样起着非常重要的作用。如果你用优美、温柔的言语赞美家人，这些话会像他们脑海中始终循环着的美妙旋律一样，深深地印在他们的心里。

❊ 25 ❊

小小的夸奖拥有大大的力量

夸奖可能来自父母或兄弟姐妹，也有可能来自朋友或熟人、老板、老师甚至是陌生人。无论来自谁，在经历过夸奖以后，人们能重拾自信并努力在工作中取得更多成就。

在你的周围，有没有人正因为某些事情而愁眉不展？如果有，那么请你去鼓励一下他，小小的夸奖拥有大大的力量。

❧ 26 ❧

大人物也希望得到赞赏

　　柯达的创始人乔治·伊斯曼发明了可用于电影摄影的胶片，并一举成名。虽然他已是大人物，但他仍然跟我们一样，渴望别人的赞赏。

　　有一天，一家家具公司的总裁亚当森想向伊斯曼推销自己公司生产的座椅。有个朋友告诉他："伊斯曼先生工作很忙，也很严厉，如果你在5分钟之内推销不出去的话，我劝你还是放弃。"亚当森听了朋友的建议后走进了伊斯曼的办公室，伊斯曼看见有人进来，便抬起了头。亚当森说："伊斯曼先生，刚刚在等您的时候，我环顾了您的公司一周，我很羡慕您拥有这样的办公室。我虽然从事室内家具制造的工作，可从来没见过像您的办公室这般漂亮的房间。"

　　伊斯曼听后非常高兴，带着亚当森参观了自己设计的室内陈设和装饰。最后，伊斯曼在亚当森那里订购了价格不菲的座椅。而且，两人也成了很好的朋友。

❋ 27 ❋

发掘别人

有一个年轻人在伦敦的一家干货店担任职员，他每天早上5点都要去打扫商店，每天工作长达14个小时。由于工作量太大，他开始厌倦工作。

两年后，这个年轻人去看望远方的妈妈，他终于忍不住哭诉起来："如果继续在那里工作的话，还不如直接去死！"此外，他还给母校的校长写了一封长信，他已经绝望到失去了生活下去的勇气。但是，这位校长却被他的文笔所折服，并请他回母校做老师。

正是校长的鼓励，才使得这个年轻人有了继续生活下去的勇气。最后，他成为一名作家，发表了许多著名的科幻小说，例如《时间机器》《世界大战》等。他就是著名的赫伯特·乔治·威尔斯。

❈ 28 ❈

阿谀奉承是无用的

有人说："我明明拍了马屁，但一点用都没有。尤其是对于那些聪明的人，作用几乎为零。"

阿谀奉承能被人一眼看透，是不诚实的行为，它会让对方感到不适。当然，如果你非常想要得到认可，也许会喜欢这种被人阿谀奉承的感觉。这与一个饥肠辘辘的人见到路边的野草也会蹲下来大快朵颐是一个道理。

然而，与单纯的奉承不一样，衷心的赞美却可以触动对方的心灵。

由衷赞美与阿谀奉承之间有什么不同呢?

答案非常明确。一个是充满诚意，另一个是对人不忠;一个是发自内心，另一个是来自嘴上;一个是无私的，另一个是自私的;一个是讨人喜爱的，另一个是令人生厌的。

❖ 29 ❖

每个人都有闪光点

伟大的思想家爱默生说:"我所遇到的每一个人,都在某个方面比我优秀,我必须虚心向他们学习。"

爱默生是如此,我们更应如此。

不要想着自己有多少丰功伟绩,也不要每天把自己的远大抱负挂在嘴边,要发现他人的闪光点。如果你这样做,对方会一直把你当成生命中重要的人之一,把你的话牢记于心。即使你忘记他,他也将永远记得你的好。

✤ 30 ✤

每个人都喜欢听能够实现愿望的话

影响他人的方法之一是聊与他们愿望有关的内容，并向他们建议如何实现愿望。如果你希望某人为你做某事，请记住这一点。比如，如果你希望你的儿子能够戒烟，说教不会有任何效果，这只是你自己的愿望，对他来说毫无意义。你要做的是满足他的愿望。

所以，你可以跟他说，"如果你戒烟，你就能在棒球队中发挥得更好"，抑或"如果你戒烟的话，你可以在短跑比赛中轻松取胜"，等等。也就是说，你要强调如果他成功戒烟，那么他的愿望就能实现这件事。这样，也就不再需要用威胁的手段来强迫他做他不喜欢的事了，更重要的是，你可以一箭双雕——既能满足自己的愿望，也能让他的愿望得以实现。

❧ 31 ❧

争论中没有赢家

发生争论时，请不要极力争辩。否则，在今后的日子里，你每每回忆起这件事可能都会觉得自己很糟糕。如果你在争论中极力证明对方是错的，把他辩驳得体无完肤，证明他毫无是处，那又能怎样呢？你也许会洋洋得意，会自我感觉良好，但是，这只会让他感受到屈辱，你伤了他的自尊心，他更不会承认是自己的错。

❧ 32 ❧

站在对方的立场考虑问题

关于如何处理人际关系，福特汽车公司的创始人亨利·福特是这样说的：

"如果非要我说出一个成功的秘诀的话，那就是了解对方的想法，拥有一种能够站在对方的立场、从对方的角度看待事物的能力。"

每个人都认为这是理所当然的事情，但似乎世界上90%的人都忽略了这一点。

❈ 33 ❈

乐于助人

　　当今社会的现状是，人们都只考虑自己的利益而不顾他人的利益。因此，具有利他主义思想、能为他人着想的人绝对会占有优势，毕竟这类人只占少数。

　　曾经连任通用电气董事长的欧文·杨说过这样的话：

　　"一个能够站在对方的角度去思考问题、设身处地为他人着想的人，根本不必担心未来。"

❋ 34 ❋

将自己的心愿与对方的心愿合二为一

有一对父母非常担心年幼的儿子，因为他不怎么爱吃饭，长得很瘦小，于是父母告诉他："我们希望你能多吃点饭，希望你能长成一个健壮的小伙子。"

这个男孩是否能够满足父母的心愿呢？答案是否定的。所以，这对父母想了一个办法——将他们的心愿与儿子的心愿联结起来。这个男孩非常喜欢骑三轮车，但是，附近的一个捣蛋鬼经常把三轮车夺过去，不让他骑。男孩每次都会找母亲帮忙，母亲会从捣蛋鬼手中夺回三轮车，这种情况已经见怪不怪了。

因此，父亲便对他说："身体是革命的本钱，只有吃得多你才能变得力大无比，才能不受欺负。"这个男孩听完父亲说的这番话，终于好好吃饭了。

❖ 35 ❖

让对方认为这是他自己的主意

评论家威廉·温特曾经说过，"表现自我是人类的基本诉求"。这句话在商业中同样适用。

当我们提出一个好主意时，自然会认为这是我们自己的主意，并且会向对方强调这种"独创性"。

但是，如果换种方式，先不强调这是你的主意，而是把你的想法先告诉对方，让对方来落实。也就是说，要给对方表现自我的机会。那么，之后对方会认为这是他自己的主意，自然就能接受，并且会全力以赴地付诸实践。

二

讨人喜欢
的方法

❖ 36 ❖

每个人都会把自己放在第一位

每个人最关心的都只是自己，每分每秒都是如此。我就问你一句话，当你在看自己拍过的合影时，你会先看谁？

每个人都把自己放在第一位，但是，如果你不关心他人，那么，也没有人关心你。

❀ 37 ❀

真心实意地关心别人

奥地利著名心理学家阿尔弗雷德·阿德勒曾含蓄地表达："凡不关心别人的人，必会在有生之年遭遇重大困难，并且会大大伤害到其他人，正是这种人，导致了人类的种种损失。"

也就是说，遇事不要只考虑自己，也要真心实意地考虑别人，只有这样才能构建起良好的人际关系，才能迈向成功。

❧ 38 ❧

真心对待所有人

查尔斯·埃利奥特博士能够担任哈佛大学校长的原因之一在于，他一直都真心对待所有人，关心所有人。从1869年到1909年，在他担任校长的40年中，无论是谁有问题，他都真诚地回应。

当某位新生向埃利奥特校长申请奖学金时，他欣然批准。在这名新生道谢离开时，埃利奥特校长说："你先坐下，我们好好聊聊。"他又问这名新生："你在宿舍里自己做饭吗？有没有好好补充营养？"随后又亲切地教这名学生做饭的方法，并说道："我当年读书的时候都会自己做饭吃，所以非常注意营养。"

❋ 39 ❋

真诚的力量

在第一次世界大战中，德意志帝国惨败，威廉二世顿时成了众矢之的，全世界的人都讨厌他，甚至连他自己的人民都与他为敌。

正当威廉二世准备逃往荷兰时，意外地收到了一个小男孩的来信，小男孩真诚地写道："不管世人怎么评价您，我都永远爱您！"这封信让威廉二世非常感动，于是，他邀请这个男孩和他的母亲来自己的家中。最后，皇帝威廉二世和小男孩的母亲走到了一起。

这个男孩不必读我写的这本书，因为他懂得真诚可以打动他人。

❊ 40 ❊

不要吝啬宝贵的时间与精力

如果你想交朋友，就要付出宝贵的时间和精力，而不是一味索取。英格兰的温莎成为王子后，他为了奔赴南美，学习了几个月的西班牙语。后来，他在当地用西班牙语发表演讲，受到了当地人民的热烈欢迎。

当人们感受到对方在为自己花费宝贵的时间与精力做某事时，都会因对方的诚意而深受感动。人们会觉得"这个人是专门为了我才做这些的"。我们都要好好想一下，别人到底喜欢什么，并愿意以赤子之心付诸实践。

❧ 41 ❧

记住朋友的生日

多年来，我一直保持着一个习惯——询问每个朋友的生日并把它记下来。我会问对方："你觉得生日与性格有关系吗？"然后说，"如果可以的话，请把你的生日告诉我。"当对方回答我时，我会在心中默默重复，趁对方不注意时，把他的姓名和出生日期写在一张纸上，之后将其转记到笔记本上。

每年的年初，我都会将每一个朋友的姓名和生日抄在日历上，以便提醒自己不要忘记。当朋友生日临近时，我会送给他一张生日贺卡。这种做法一直很受欢迎。

❧ 42 ❧

笑容往往比言语更重要

　　"我的笑容值一百万美元。"一位名叫查尔斯·施瓦伯的富商说道。他似乎把握住了真理。他有强大的吸引力，这也是他能成为一名成功商人最关键的因素。而且，他最大的魅力，就是常常把笑容挂在脸上。

　　有一种说法是"行动比言语更有说服力"，这是完全正确的。笑容往往能够清楚地向对方传达一种"很高兴见到你"的感觉。

✣ 43 ✣

不要强颜欢笑

微笑是所有场合都适用的，它是让你获得成功的秘诀。但是，如果你强颜欢笑的话，则会适得其反。对方能清楚地从你的表情中感受到，你并不开心，你的笑容是强装出来的。你要向对方展示发自内心的温暖的微笑。

一位百货商店的人力资源经理说："在面试销售员时，比起一个受过高等教育、态度不友好的女性，我们更愿意招聘一个毫无学历背景，却常常面带能温暖人心的笑容的女性。"

❊ 44 ❊
每天都要保持微笑

　　我给很多商人的建议是连续一周向周围的人微笑，并让他们在最后的成果报告会中汇报各自的成果。结果怎样呢？

　　其中一名股票经纪人做了以下汇报：

　　"我结婚 20 多年了，但在这 20 多年中，每天，从早晨起床到上班，我都没怎么对妻子微笑过，常常皱着眉头。但是，自从进行了这个实验之后，我的人生好像发生了一些变化。

　　"每天早上，我看着镜子中的自己，告诉自己，'今天一整天，我都要收起那张不开心的脸，保持微笑'，然后满面笑容地对妻子说'早上好'。起初，妻子有些不适应，总觉得我是不是哪根筋搭错了，但我坚持每天早上都这样做。最后，幸福来敲门了。"

❀ 45 ❀

用微笑与他人交换真心

有一封销售人员的来信：

"我时常被商业伙伴视为冷血动物，但之后因为养成了保持微笑的好习惯，他们似乎不再这么觉得了。

"如今，我不再说他人的不好，而是看到他人的长处就大加赞赏。此外，我试图揣摩他人的心思，而不是只看到自己的需求并为之不顾一切。这些做法使我的人生发生了根本性的变化，获得了纯真的友谊和幸福。毕竟，拥有了友谊和幸福才称得上真正活出了生命的意义。"

这封信的主人每天都挣扎在无硝烟的商业战场上，他用微笑换得了别人的真心。

❁ 46 ❁

把幸福"挂"在自己身上

如果不想笑，该怎么办呢？

不想笑就不要勉强自己。如果周围没有人，你可以吹吹口哨或者哼首开心的小曲儿。如果你能表现得很幸福，时刻把幸福"挂"在自己身上，你就能真正感受到幸福。

哈佛大学心理学家威廉·詹姆斯说："乍一看，行动似乎先于情感，但事实上，行动是和情感同时发生的，所以，通过控制行动，你可以间接地控制自己的情感。如果你想变得开心，那么，你就要开心地做事。"

如果你能够开心地做事，你的伙伴或许也会开心地做事。

❊ 47 ❊

走到哪里都受欢迎

弗兰克·贝特曾是圣路易斯红雀队的著名球手，而现在，他已成了全美最优秀的保险经纪人之一。多年以前，他发现爱微笑的人不论走到哪里都会拥有很高的人气。

每当他走到别人的办公室前，他总是会停下来，想一想以前发生的让他心怀感激的事情，然后露出真诚的微笑，走进办公室。

"就是这种简单的小技巧，让我在推销保险业务上取得了巨大的成功。"他说道。

❧ 48 ❧

笑容是特效药

一位著名的广告人为一家百货公司设计了这样一则巧妙的广告。

微笑是一种不需要你投入任何资金就能得到收益的投资。

微笑是一件让心灵更加丰富的宝物。

微笑的瞬间，也是你将真心赠予他人的瞬间。

即使只有片刻，它也会在对方的记忆中化为永恒。

微笑为家庭带来幸福，为企业带来繁荣，为人们带来友谊。

你的微笑可以治愈疲惫的人，鼓励沮丧的人，给那些陷入困境的人带去希望。

希望大家做的事：

如果我们店里的销售人员疲惫至极，甚至连一个简单的微笑都没有，那么，能否向销售人员展现你们亲切的笑容呢？如果无法表露在脸上，哪怕在心里默默地微笑也好。

❀ 49 ❀

记住他人的姓名

吉姆·法里在10岁时就失去了父亲，为了生活，他只能辍学，去一家砖厂工作。然而，因为友善，他被很多人喜爱。成年后，他踏入了政界，也逐渐养成了一种善于记住他人姓名的特殊本领。

我问他："听说，您能记住1万个人的名字？"他立即否认并说："我能叫出5万个人的名字。"不要惊讶，正是吉姆·法里能记住他人姓名的本领，帮助富兰克林·罗斯福成为大选候选人。

每认识一个新朋友时，他都要问清楚对方的姓名，家里有几口人，从事什么职业，以及对方的政治观点。即使他与这个人相隔一年之久，他还能准确无误地叫出这个人的名字，甚至还可以问候对方的家人，谈论对方房子后院的花草。

❧ 50 ❧

不要弄错别人的名字

大多数人都喜欢自己的名字。所以，记住对方的名字并能亲切地叫出来可以帮我们赢得对方的好感。

但是，如果你忘记了对方的名字或叫错了对方的名字，后果就难以想象了。

例如，当我在巴黎策划一个演讲课时，我给住在那里的所有美国人发送了邀请信。然而，因为法国打字员不熟悉英语，弄错了好几个人的名字。

过了几天，一位在美国一家大型银行巴黎分行工作的高管给我写了一封信，信中，他非常生气地指责我写错了他的名字。

❀ 51 ❀

给予对方足够的尊重

安德鲁·卡耐基负责的中央运输公司和乔治·普尔曼负责的公司为抢夺火车车厢业务正在进行激烈的竞争，他们都想争取到太平洋铁路联合公司这笔大订单。于是，卡耐基和普尔曼都亲自去太平洋铁路联合公司董事会找关系、交涉。但两家公司因为互相杀价，甚至到了无利可图的地步。

一天晚上，卡耐基在酒店大堂与普尔曼进行了一番交谈，卡耐基说道："我们别再做傻事愚弄自己了，我们合并一下业务怎么样？"

普尔曼虽然听着卡耐基的建议，但他其实还是不怎么相信卡耐基说的话。普尔曼问道："那这家新公司的名字叫什么？"卡耐基回答说："当然是'普尔曼皇宫车厢公司'了。"普尔曼听罢欣然同意："就这么办吧！"

卡耐基的这个绝妙建议在一定程度上改写了美国的工业史。

❈ 52 ❈

叫出对方名字再搭话

有一天，著名的汽车制造商克莱斯勒的总裁张伯伦，为行走困难的总统富兰克林·罗斯福制造了一辆特殊的汽车，并带着一名技术人员前往白宫教罗斯福总统如何使用它。

张伯伦总裁回忆着那段时光，说道："我教会总统如何发动那台车，但总统却教会了我如何'影响'别人。"他进一步说道："我访问白宫时，总统很亲切，叫着我的名字让我进门。总统曾问过我那个技术人员的名字，但那个技术人员非常内向，立刻躲到了我身后。我们临走前，总统叫着他的名字并握了握他的手说：'非常感谢你今天能来教我。'这不仅是一个社交手段，更是总统发自内心的举动。

"几天后，我回到纽约，不久便收到了附有总统签名的照片和感谢信，这样一位日理万机的大人物是如何有时间处理这些事的呢？这大概是一个解不开的谜团吧。"

❧ 53 ❧

礼貌地记住他人的名字

拿破仑三世虽然忙于国务，但却能牢牢记住他接触过的人的名字。

他的方法非常简单。如果他没有听清楚对方的名字，就会说："对不起，我刚刚没听清楚。"如果是不常见的名字，他就会问："如何拼写呢？"

如果对方是非常重要的人物，拿破仑三世就会更加费心地记住他的名字。独自一人的时候，他会将对方的名字写在纸上，仔细观看，牢牢地把名字刻在自己的脑海里。这样一来，他对那个人的印象就会更加深刻了。

所有事都需要费一番功夫才能完成，请记住爱默生的名言："礼貌，是由小小的牺牲换来的。"

❋ 54 ❋

善于倾听与鼓励

我在一个晚宴上遇到一位著名的植物学家，他使我忽略了其他几十位客人，让我沉浸在他的故事里。到了深夜，我与众人告辞时，这位植物学家转身面对主人，对我大加赞赏，并且说我是个"有意思的谈话家"。

一个有意思的谈话家？我在这次交谈中几乎没怎么说话，大部分时间都是在听植物学家讲话。但是，这却让他非常感动。

作家杰克·伍德福德说过："很少有人能拒绝那种隐藏于专心倾听中的恭维。"而我却比专心倾听还更进一步——夸奖了对方。

临别之际，我告诉这位植物学家，我受到了周到的款待，也学到了很多知识，并期待再次见到他。就是这些举动，让我在这位植物学家的脑海里留下了深刻的印象。

❦ 55 ❦

专注地倾听

哈佛大学著名学者查尔斯·艾略特博士曾肯定地说道："商务谈判的秘诀并不神秘。你所要做的只是专注于正在对你讲话的那个人。而对于他来说，这是一种荣幸。"

❀ 56 ❀

面对投诉，最佳的办法是倾听

无论多么恶劣的投诉者，当发觉对方在认真听他讲话时，态度都会变得柔和。这是因为，倾听能使他心中的负面情绪全部发泄出来。

几年前，某电话公司遇到了一个不讲道理的投诉者。他指责电话公司故意制造假账单，所以拒绝付款，还扬言要写信给报社，揭露电话公司的"恶行"。为此，公司派出一名富有经验和技巧的"调解员"去拜访这位毫不讲理的投诉者。"当我前去拜访时，他满腹牢骚。但是，我就站在那里，足足听了差不多 3 个小时，无论他说到哪一点，我都表示自己非常能理解他。听这个客户说，从来没有一个电话公司的人像我这样认真听他讲话，就这样，他对我的态度也渐渐友善起来了。最后，这个客户把所有账单都付清了，并撤销了向公共服务委员会的申诉。"

❈ 57 ❈

要做一个"尽职尽责"的倾听者

几年前，有一位愤怒的客户闯进一家呢绒公司的总裁办公室大喊大叫，总裁德第蒙德回忆说：

"这位客户欠我们公司 15 美元，虽然的确是他的错，但他坚决不承认，他气愤地说道：'我不会付你们 15 美元，而且我再也不会买你公司的任何产品了。'我耐心地听完了他的话。等他冷静下来之后，我平静地对他说：'谢谢您今天特意来一趟告诉我这件事，您的意见我会采纳的。'

"他做梦都没想到我会这样说。我心平气和地对他说：'我很了解您的感受。如果我站在您的立场的话，我会选择跟您一样的做法，正如您跟我提到的，我撤销 15 美元的账单。'后来，客户道歉说：'我回到家看了看，这确实是我的错误。'他不仅寄给了我 15 美元，而且成了我们公司的回头客。"

❋ 58 ❋

"会听"比"会说"更重要

采访过许多名人的杂志编辑艾萨克·马克森说:"许多人因为不懂得倾听,没办法给人留下好印象。"比起能言善道的人,人们更喜欢懂得倾听的人,"倾听"是一种珍贵的技能。

这个道理不仅适用于名人,也同样适用于普通人。据《读者文摘》杂志的报道,很多人去医院看医生,只是为了能有个人听他说话,人们在身体不适的时候更希望有个倾听者。

❀ 59 ❀

不要只会自说自话

只会自说自话的人，不考虑别人，只考虑自己。正如哥伦比亚大学的尼古拉斯·巴特勒校长所言，那些只考虑自己的人，无论受过多么高等的教育，都没有教养可言。

一直安静地倾听对方讲故事可能是很困难的。但是，如果你想要变成谈话高手，就要先把自己的事情抛在脑后，做一个倾听者。

❈ 60 ❈

关心对方关心之事

每个接触过西奥多·罗斯福总统的人都对他的知识储备感到惊讶。"无论对方是政治家、外交官，还是牛仔，我都能跟他们展开话题。"他在传记中如是写道。

那么，他的秘诀是什么？

答案很简单。当他知道有人要来拜访时，就会在前一天晚上熬夜调查来访者感兴趣的东西。

因为罗斯福知道，抓住对方心灵最有效的方法，就是谈论对方感兴趣的话题。

❀ 61 ❀

抓住对方的兴趣点

曾担任耶鲁大学文学系教授的威廉·菲尔普斯在他的一篇关于人性的文章中讲到这样一件小事：

"小时候，我常在周末的时候去姑妈家玩。某天晚上，有一位中年男子也去了姑妈家，他与姑妈随便聊了几句后，便把话题扯到了我感兴趣的领域。他离开之后，我对姑妈说：'那个叔叔似乎也对帆船很感兴趣，真的是太有趣了。'而姑妈却说：'那个客人其实是纽约的一名律师，按理说他不会对帆船感兴趣的。'我反问道：'不感兴趣的话，为什么与我一直聊帆船呢？'姑妈说：'这只能说明这个客人是一位非常有修养的绅士，他为了让你开心，所以才陪你聊帆船。'"

这件事让菲尔普斯教授印象深刻，他在文章中写道："我永远都不会忘记姑妈告诉我的那些话。"

❖ 62 ❖

不求回报地对待别人

有一天，我在邮局里排着长队等待办理业务。终于轮到我了，给我办理业务的工作人员因为疲劳而露出一副不耐烦的表情。然而，我想让他变得开心一些，于是我开始夸奖他的发型。他听罢，有些惊讶地看着我，面露微笑地向我道谢。

很多人一旦知道自己无法得到好处，便不会对他人表示赞赏。但不得不承认这样做真的非常自私。

我确实希望从那位工作人员身上得到些什么，而且也得到了，我得到了他的笑容。我相信，无论经过多少岁月，这种感觉都会深深印在彼此的心中，无法磨灭。

❧ 63 ❧

将自己想要的东西赋予别人

在人类行为规范中有一个重要原则，如果遵循这个原则，你就不会被卷入麻烦的人际关系中，也会得到很多朋友的帮助。这个原则就是满足他人的自尊心。希望自己的自尊心能得到满足，是人类最根本的欲望之一。

自古以来，哲学家一直都在思考人际关系的原则，并得出了一个至今同样适用的教训。这个教训就是，将自己想要得到的东西先给对方。你肯定也很希望自己能得到他人的赏识与认可吧，也想被人当成这个世界中的大人物吧。你追求的并不是那些一眼就能识破的阿谀奉承，而是发自内心的赞赏，你想要的不过是朋友或同事的一句小小的夸奖。

所以，如果你想要得到对方的夸奖，就要先夸奖对方。无论何时何地，都请毫不吝啬地夸奖对方。

❀ 64 ❀

对待任何人都要讲礼貌

如果你在一家餐馆点了薯条，而服务员不小心上错了，给你一份土豆泥，作为客人，你会怎么做呢？

如果你是一名服务员，比起被客人大骂："喂，你怎么连菜都能上错！"你大概更喜欢客人礼貌地对你说："抱歉，我点的是薯条而不是土豆泥。"当客人礼貌地对待服务员时，服务员一定也会笑盈盈地对客人说："我知道了。"并且心情愉悦地给客人换上本应该上的菜。

如"对不起，请给我 ××"或"不好意思，您能 ×× 吗"之类的礼貌表达是人际关系的润滑剂，熟练掌握这些礼貌用语，也能反映出良好的家教。

✤ 65 ✤

指出他人的闪光点

坦率地说，你遇到的大部分人都在某方面比你优秀。因此，要想抓住对方的心，先要让对方知道，你是发自内心地承认他的价值。这样你才能满足对方的自尊心。

请记住爱默生的一句话："我所遇到的每一个人，都在某个方面比我优秀，我必须虚心向他们学习。"

让我们学习历史上伟大的思想家的这种谦逊态度，大大方方地承认对方的优点，而不是只顾欣赏自己。

三

如何获得
他人的赞同

❋ 66 ❋

给对方留足面子

某天晚上，我去参加了一个派对，坐在我右边的一位男士向大家介绍了《圣经》里的一句格言。听完后，我觉得他说错了，这句话明明是出自莎士比亚之口的，于是我毫不留情地指出了他的错误。然而，这个人仍坚持自己的见解。我向坐在我左边的朋友询问他的意见，他却说道："这位先生是对的，这句话确实是出自《圣经》。"

在回家的路上，我问朋友："你应该知道那句话出自莎士比亚之口，为什么还说他是对的呢？"他回答道："你说的没错，但你认为我们有必要在大庭广众之下证明他是错的吗？这样做会让他喜欢你、对你产生好感吗？我们是不是应该给他留一点面子呢？"

虽然我的朋友早已离世，但我却一直把他的教诲铭记于心——避免争论。事实上，这对我来说是非常宝贵的教训。

❈ 67 ❈

不要让对方感到丢脸

不要让对方感到丢脸，这句话再怎么强调都不为过。但是，又有谁能真正做到呢？

我们经常任性地按照自己的方式做事，而不会注意到底有没有伤害到他人的自尊心。冷静地抱怨他人，用激烈的言语威胁他人，以及当着众人的面斥责自己的孩子或部下，这些事情在我们生活中都是很常见的。

但是，如果你真正为对方着想的话，就不会这么做了。你要记住，无论什么场合、什么时候，都不要让对方感到丢脸。

❋ 68 ❋

不要争论不休

　　小时候我经常与人起争执，所以，在大学的时候学了许多辩论技巧，并沉浸于辩论中。来到纽约之后，我开始教授他人如何进行辩论。从那时起，我参加了数不清的辩论赛。但最后，我发现避免争论才是最明智的方法。

　　大多数争论，都以双方坚持自己的想法的形式结束。发生争论时，大多数人认为他们自己的想法才是最正确的。

　　你不可能在争论中成为胜者。如果你输了，那么就是输了，即使你赢了，你也是输了。这是为什么呢？

　　让我们来设想一下，如果你在争论中获胜了会发生什么。也许你的心情变得很好，但对方呢？你不但会打击到对方，还会伤害对方的自尊心。最后，你的对手不会为你的胜利祝福，反而会仇恨你。

❧ 69 ❧

避免争论

本杰明·富兰克林说："如果我们与他人意见不合，发生争执，或许我们会获胜，但你要知道，这是一场毫无意义的胜利，因为你根本不可能得到对方的喜爱，反倒会招致仇恨。"

你不妨想一想，你追求的是毫无意义的胜利还是得到对方的喜爱？鱼和熊掌不可兼得。

❋ 70 ❋

争论解决不了问题

担任过财政部长的威廉·麦克阿杜，曾在政界活跃了数十年，他说："我发现，通过争论来打败愚蠢的人是不可能的。"

麦克阿杜虽然说的是"愚蠢的人"，但就我个人经验而言，这与智商并没有什么关系。说白了，就是你无法通过争论来改变他人内心的想法。

❖ **71** ❖

学会尊重他人

一位税务顾问同一位税务局税收稽查员，就一笔 9000 美元的账目该不该征收所得税的问题争论了一个多小时。税务顾问认为这是笔呆账，所以不应该征收所得税，而稽查员则认为必须缴纳。这位税收顾问回忆说："我越和他争论，这个稽查员就越固执，所以，我决定不再跟他争论，而是夸奖他'虽然我也学过一些税务知识，但仅限于书本知识，而您所掌握的知识是从实战中得来的，我真的很羡慕您'。然后，稽查员的态度发生了 180° 的转变，友善地说：'关于今天的问题我会再想一下，三天之后你再来一次。'三天之后，按照约定，我去找他，他告诉我那笔账目不用征收所得税了。"

这位稽查员不过是要对方满足他的自重感。一旦有人承认了他的权威，他也就变成一个友好的通情达理的人了。

✦ 72 ✦

学会服输很重要

拿破仑家里的一位管事经常与拿破仑夫人约瑟芬打台球。在他的笔记里，提到这样一个细节："我很清楚自己台球打得不错，但我总是设法让皇后赢我，皇后每次都很高兴。"

让我们一起向这位管家学习吧。在我们因为一些无聊的小事而与顾客、恋人、伴侣发生争执时，要学会向对方低头。

✤ 73 ✤

学会为对方着想

佛陀说："不要以怨报怨，而要以德报怨，用爱化解仇恨。"

同样，为了消除误解，我们需要的是为对方考虑而不是与对方争吵。

与其争吵，不如换一种更好的方式：理解对方，站在对方的立场上想一想。

❖ 74 ❖

谦者为赢

一位年轻军官与他的战友发生了争执，林肯热心地劝导他："一个想成大事的人，不能处处计较、花时间去和别人争论。你要知道，生气或失去控制会产生一系列不堪设想的后果。如果你和对方都没做错什么，那么，谦让对方也是毫无损失的。如果你认为自己是正确的，而对方有一些错误，那么，你就谦让一下对方。"

❧ 75 ❧

不要太过自信

西奥多·罗斯福总统跟周围的人说，如果在某一天里他有75%的时候是对的，那已经是他的最高记录了。

这样一位优秀的人，都认为自己最多只有75%的时候是对的，那我们呢?

❀ 76 ❀

放弃说教

说话时，不要喊着"我要证明你是错误的"。这相当于：
"我比你聪明，所以我要来给你上一课。"

这种强势的态度会招致对方的反感，对方也会为了维护
自己的自尊心，不停地反击。

无论你有多么热心，改变对方的信念都是一项艰苦的
工作。

如果你真的要证明些什么，就应该顺其自然。也就是
说，当你想教导某人时，不要让对方觉得你是在说教。

✤ 77 ✤

不要说"你是错的"

对方的错误再明显，都不要直接指出来，而要换一种说法，比如："我不这么认为，但可能是我想错了，所以我们能一起就这个问题再探讨一下吗？"

这种说话方式有魔法般的效果。大家绝不会责怪你，而会说："或许是我错了，让我们一起探讨一下究竟是怎么一回事吧。"

如果承认自己随时都可能犯错，就能免去一些麻烦，也不需要跟任何人争论。而别人可能会受到你的影响，也会承认他自己会犯错。

❧ 78 ❧

恰当地指出对方的错误

许多人抱着先入为主的观念，用嫉妒、怀疑、恐惧和骄傲等情感来对待某件事或某个人。所以，他们不会随意改变自己的观念。如果你想指出对方的错误，请记住哥伦比亚大学历史学家詹姆斯·罗宾逊教授的话：

"改变主意是自愿的行为，但当别人说'你就是做错了'的时候，我们内心感觉到自己被批评，会不自觉地变得更加固执。我们通常对自己所坚持的东西漠不关心，但若我们被谁质疑了，就会变得愈发固执己见。显然，我们想要保护的不是我们自己内心的信念，而是随时会被伤害的自尊心。我们总是相信内心认为的所谓的事实，当有人怀疑我们的信念时，我们会想出无数个理由坚持自己的信念。"

❖ 79 ❖

换一种说话方式

很久以前，我请一位室内设计师为我配置一套家用窗帘。但当他把账单发过来，我看到如此之高的金额后，惊呆了。后来，有位朋友来我家，看到了那套窗帘，问过价钱，她幸灾乐祸地说："这太可怕了，你肯定被骗了！"我说道："便宜没好货，这个窗帘贵，自有贵的道理。"第二天，另一位朋友来我家，她对那套窗帘大加赞赏。她说："如果我有钱，我也想买这样漂亮的窗帘。"我听到这话后，反应跟昨天完全不一样，我说："说实话，我有点后悔，这套窗帘价格太高了，不太值得。"

当我们犯错误后，会在心中默默承认。但若对方生硬地指出我们的错误，我们可能会无法接受。所以，如果对方能够换一种说话方式，并给我们一个下台阶的机会，我们便会承认自己的错误。

✵ 80 ✵

讥讽与嘲笑毫无意义

美国著名编辑霍勒斯·格里利强烈反对林肯在南北战争中实行的政策。他在公开场合嘲笑林肯，试图让林肯接受他的意见。为此，他不断地给周围的人洗脑，攻击林肯。

被格里利大骂后的林肯会接受他的意见吗？

不，根本不可能。无论你怎么骂对方，讥讽对方，都是徒劳的。

❀ 81 ❀

学会自我控制

本杰明·富兰克林既是拥有过人天赋的天才科学家，又是精明的政客。他年轻的时候，因为不懂得处理人际关系而屡屡受挫。

富兰克林之后在自传中写过这样一段话：

"我决定，从此以后再也不忽视对方的感受，正面反对别人的意见。也不允许自己用诸如'当然是这样'之类过于肯定的话，而是用'我想''我只是暂时这样认为'等话语表达自己的意见。即使对方说的话有明显的错误，我也不会直接指出以展现自己的优越感，我会说'根据情况来看，你说的也许并不适合这种情况'之类的话语，这样一来，对方自然地就接受了我的意见。尽管我不善言辞，更谈不上雄辩，但是因为有了这样一种自觉，我的社会影响力持续了半个世纪之久。哪怕我提出的是新的法案，也会得到大部分人的支持。"

❧ 82 ❧

大方地承认自己的错误

在受到他人批评之前先虚心地自我批评。较之被他人狠狠地骂到想钻进地缝里，然后再去反省，人们往往更容易自我承认错误并自觉地反省。

掩饰错误并不是最佳方法，最佳方法是大大方方地承认自己的错误。这样做才能向对方展示你的诚实，才能让自己变得出色。

当你是对的时，为了让对方接受你的想法，你应该友善地对待对方。但是，当你是错的时，就应该大大方方地承认自己的错误。实际上，我们的"错"比我们的"对"多得多。

认识到自己的错误并大方地承认它，这种做法给你带来的远不只暂时的成功。也许你不相信，但它确实能令人心情愉悦。

❧ 83 ❧

消除对方的敌意

某位著名的商业设计师通过自我批评改善了与一位急性子导演的关系。

有一天，设计师接到了导演的电话。他一接起电话，导演就劈头盖脸地批评他的工作。随后，设计师进行了一番自我批评："对不起，我感到很惭愧。"这时，导演却说："不，这个问题没有你说的那么严重。"但设计师回答道："即使错误很小，对我来说也是一个严重的问题。您给了我很多工作机会，我只想把最好的呈现给您，我重新做。"然而，导演却说："不，没必要这么费劲。"并且，导演还夸奖了这位设计师的工作，只让他做了一些小小的改动。

设计师进行的一番自我批评既消除了导演的敌意，也让自己获得了新的工作机会。

❀ 84 ❀

化敌为友

阿尔伯特·哈伯德是一位富有创造力的作家，他经常写一些引起争议的文章。但他知道如何与人打交道，非常懂得如何化敌为友。

例如，某位读者对他的言论感到愤怒并写了一封抗议信给他。在信中，有诸如"我完全认可不了你写的这部分""你简直是在胡说八道"之类的刺耳话语，那么，这位作家是如何回应的呢？

"听您这么说，我好像也开始对之前的言论产生怀疑了。但我很开心您能对我的文章提出意见。如果您路过附近，不如来我家，我们一起面对面地讨论一下吧。"

如果你收到这样的回应，你会怎么想？

❈ 85 ❈

让对方拥有自重感

以前，我常带着狗去散步，因为它是一只小型犬，所以，我通常不给它拴狗链，没想到，有一次被警察看到了，我说："这是只小型犬，不会伤害到别人的。"警察听后，生气地说："你怎么知道它不会咬伤小孩子呢！别再让我看到！"这之后，我仍然不给狗狗拴狗链。好景不长，又被那个警察看到了。这次，我首先道歉："我不狡辩什么了，您上次已经提醒过我了。"但警察却和颜悦色地说："我能理解你，这次就算了。"

当我俩第一次见面时，我忽略了警察的自重感。而第二次时，我承认了他的权威并自我反省，他感觉到自己是被重视的，便对我采取了宽大的态度以显示他的仁慈。

❧ 86 ❧

生气不能解决问题

　　如果你因为某事而向别人撒气，对你来说，这样或许能解心头之恨，但对方会有什么样的感觉呢？

　　倡导和平的伍德罗·威尔逊总统说："如果你非要找我吵架，那么我会以同样的方式回应你。但若你说'让我们坐下商量一下吧，假如我们观念不同，可以找一下问题的根源，加深一下对彼此的理解'，就会发现我们的观念并没有相差很多。所以，如果双方都能控制好自己的情绪，学会忍耐，那么他们就会越来越亲近。"

❖ 87 ❖

营造友好轻松的氛围

洛克菲勒名下的某公司发生了美国工业史上流血最多的罢工潮，许多工人愤怒地要求提高工资。洛克菲勒为了平息工人们的愤怒，做了许多努力。他去工地对那些敌视自己的工人们发表了一番演讲，这次演讲非常成功。"这是我一生中最值得纪念的一天，我很荣幸能够和劳工代表们相聚在这里。站在这里，我感到无比自豪。我们并不是陌生人，而是朋友，我们也是利益共同体，我们能坐在这里，真是一件令人非常开心的事。能有这样一个机会，让我们讨论共同关心的事，真是太好了。"

这是一个优秀的演讲模板。事实上，当时愤怒无比的工人听到了如此强调友好气氛和共同利益的演讲，肯定大为感动。如果洛克菲勒用另一种办法，与工人们展开辩论，责怪他们，那么，结果可想而知，肯定会激起他们更大的仇恨，引起更多工人的反抗。

88

友善待人

林肯很早就懂得怎样处理人际关系，他曾说过这样的话：

“一滴蜂蜜能比一加仑胆汁吸引更多的苍蝇。人类也是如此，如果你想让对方接受你的想法，首先就要让他相信你是他最真诚的朋友。”

不停地说那些让人反感的话并不是好办法。有时候，其实只需要一句温柔、友善的话，就足以拨动对方心弦。这是赢得他人好感的最佳方法。

❧ 89 ❧

和善打动人心

某位男子想要降低自己的房租，可他知道房东这个人非常固执，因此，他决定尝试一下在我的培训班上学到的技巧。

当他见到房东时，先是用微笑向房东表达了自己和善的态度。他的第一句话并未提及房租，而是赞美房东管理房屋的办法，同时告诉房东，他非常喜欢这个房屋。然后，房东说："好多房客向我抱怨，我都听烦了，像你这样的房客能住在这里，我真的求之不得。"接着，房东主动提议降低租金。当这位男子提出希望房租再少一点时，房东没有多说一句话便欣然答应了，还问道："你的房间，有没有需要装修一下的地方呢？"

如果这位男子与其他房客一样，直接要求减少租金，我相信他会遭遇与其他房客相同的情形。只有和善才能打动人心，无情的敌对只会得到相反的结果。

❧ 90 ❧

北风和太阳

在伊索寓言中有一则《北风和太阳》的故事。北风和太阳就谁能够先脱去老人的外套而争吵不休。北风用力地对着老人吹，希望可以把老人的外套吹下来，但是它越吹，老人越觉得寒冷，就把外套裹得越紧。然而，当太阳把阳光洒在老人身上时，老人渐渐感受到了温暖，便脱去了外套。

这个故事告诉我们，温和友善更容易打动人，这是威胁攻击根本达不到的效果。

这种人际关系的原则不仅适用于伊索生活的古希腊，也同样适用于我们生活的现代社会。

❧ 91 ❧

将对方带向积极的方向

优秀的谈话者擅长从一开始就让对方说"是"。这样一来，他就可以把对方带向积极的方向。

如果对方认真地用"不"来回应你，你要知道那并不仅仅是口头上的否认，更多的是对方身体的每一个细胞都在拒绝你。

但若对方说"是"，那么就代表他的每一个细胞已经准备好认可你了。所以，如果一开始就可以引出很多"是"的回应，那么，对方大概率会接受你的建议。

这是一个非常简单的方法，但它并不被常用。

✤ 92 ✤

让对方说"是"的问题

希腊哲学家苏格拉底做了许多人敢想却不敢做的事情。在一定程度上，他重写了人类的思想史，即使在 2300 年之后的今天，他也被世人尊为"圣人"。

苏格拉底从不会唐突地指出他人的错误。这一方法被称为"苏格拉底式问答法"，他的目的是让对方在对话中能够多次用"是"来回答。他不停地抛出一些能让对方回应"是"的问题。这样一来，对方就能在不知不觉中接受他的想法，即使是几分钟之前被他们强烈反对的想法也不在话下。

如果你与某个人发生争执，想要指出他们的错误时，请记住苏格拉底式问答法，并向对方问一些能让他用"是"来回答的问题吧。

❈ 93 ❈

不要打断对方的讲话

为了让对方接受自己的建议，大多数人只会一个劲地自说自话。尤其是销售员，他们不知道，这样做对他们有弊无利。

给对方一个机会，让对方完整地表达自己吧。要知道，对方比你更了解他自己。

意见不合时，你可能想打断对方的讲话，但是千万不要这样做。在对方完完整整地表达完自己的观点之前，你只需要做一个倾听者。所以，要耐心地倾听，直到对方表达完为止。

❊ 94 ❊

让对方赢

　　法国哲学家拉罗什福科说："如果你想与他人为敌，就需要比对方更优秀。但如果你想结交朋友，你应该把王位让给对方。"

　　为什么这么做呢？

　　因为，如果你的朋友觉得他比你优秀，那么他的自尊心便可得到满足，他会切实感受到"我是一个重要的人"，但若你表现得比他优秀，那么他可能会感到自卑，会对你羡慕、嫉妒，这样反而不利于友谊的发展。

❋ 95 ❋

不要骄傲自满

最好不要到处吹嘘自己的成就，而是尽可能地谦虚。

欧文·科布深知这个道理。当他站在法庭上时，律师问他："我听说你是全美屈指可数的作家，真的是这样吗？"他是这么回答的："也许这只能说明我运气比较好而已。"

其实，谦虚待人的最重要理由是，我们并没有足够多的成就向他人吹嘘自己。每个人最终都会离开这个世界，无论多么有名气，百年之后也会渐渐被世人淡忘。如果你一个劲儿向他人炫耀自己，听者只会觉得无聊。所以，要给对方说话的机会，让自己当一名倾听者。

❧ 96 ❧

不要强加自己的想法于别人身上

　　某家汽车公司的销售部长曾向他手下的销售人员征求他们对他的期待，然后，他把这些期待写在黑板上，说道："我会尽可能地满足大家对我的期待。现在，你们要告诉我，在你们可接受的范围内，我对你们的期待应该是什么。"

　　销售人员立马做了如下回答，忠诚、诚实、自主、乐观、团队合作、每天工作 8 小时等。甚至有销售人员说，自己可以每天工作 14 小时。

　　在这之后，销售人员每天都为了这些期待而努力，销售额也得到了大幅增加。

　　由此可见，提高下属的执行力，最关键的就是征求他们的意见，让他们思考自己究竟能达成什么样的目标，而不是直接命令他们。

❀ 97 ❀

不要强迫别人

没有人喜欢被别人强迫着做事。正常情况下，每个人做事情的出发点都是"我想"，而不是"我被迫"。

有一位服装设计师，曾多次拜访某位著名的服装界的职业买手，想让这位买手购买他的设计图，但一次都没成功。经过150次失败之后，这位设计师决定用新的方法再尝试一下。他拿了几张尚未设计完的草图，走进那位买手的办公室，向他说道："我想让您帮我一点忙，这里还有几张尚未完成的草图，您方便告诉我如何才能满足您的需要吗？"

买手看了草图，然后回答道："你先把这些草图放在我这里，过几天再来找我吧。"

三天后，设计师如约来到了买手的办公室，并根据他的意见完成了设计图。结果，买手不仅买下了这些设计图，而且在几个月后又向设计师追加了不少订单。

❊ 98 ❊

让他自己做决定

某个汽车销售员，曾一辆接一辆地向一对准备购买二手车的夫妻推销店里的二手车，但效果却不尽如人意。

几天后，有一位顾客开来一辆旧车，准备在店里换一辆新车，销售员突然想到了那对夫妻，便给丈夫打了电话："我想听听您的建议，您方便来店里一趟吗？"那位丈夫来到店里，销售员说："有位顾客想以旧换新，但我们无法判定旧车的价格，而您很内行。您可以试驾一下这辆车，看看它究竟值多少钱，然后给我们一个价格标准。"那位丈夫很开心地试驾了起来，在店附近开了一会儿之后，他说："这辆车如果卖 300 美金，那是相当值的。"然后销售员问道："如果以这个价格出售，您会买它吗？"他回答："300 美元？当然买。"

因为这辆车是买家自己定的价格，所以这笔交易很快就做成了。

❖ 99 ❖

用"理解"代替"责备"

即使对方完全错了，也不要一个劲儿责备他，责备是最愚蠢的行为。

让我们试着理解对方吧，用"理解"来代替"责备"。能做到这一点的，也许只有聪明、心胸宽广又优秀的人了。我们要搞清楚对方为什么会这样做。要知道，许多事情的背后是有隐情的。

让我们怀抱诚挚之心站在对方的立场上，为对方着想。你可以问问自己："如果换作是我，我会有什么样的感受，又会有什么样的反应呢？"这样做可以为你节省许多时间，并让你快速平静下来。因为，如果你能站在对方的立场上考虑问题，就会发现对方这样做的原因，从而理解他的做法，更好地处理人际关系。

❀ 100 ❀

用"平和"代替"胁迫"

我家附近的一个公园门口有一个公告牌，上面写道："若引发火灾，一律罚款。"但是，没有人注意到这个牌子，人们一如既往地在公园内烧烤聚餐。有一次，我碰到一群年轻人在树下烧烤，就以严肃的口吻告诉他们，如果无视规定、再不熄火的话，我就要报警了。他们虽然表面上遵从了，但其实心里还是不服气。

过了一段时间，当我回想起那件事的时候，突然意识到，当时自己用错了办法。当我再次看见有人在公园里烧烤聚餐时，我对他们说："你们玩得开心吗？我也很喜欢烧烤，但是，在公园里生火是一件非常危险的事。希望你们在离开的时候能把火熄掉，下次可以去安全一点的地方。"

结果可想而知，大家都很开心，并且表示下次不会在公园里做这种事。如果你希望对方能够听取你的建议，那么，最好的方法不是强制或胁迫他，而是用平和的语气说服他。

❖ 101 ❖

展现你的同理心

如何结束争论？如何摆脱不良情绪？如何让对方真正听取你的建议？

这里有一句话可以作为万能的模板。

"你这样想并不过分。如果我是你的话，我会跟你有同样的想法。"

一听到这话，无论对方有多么生气，性格有多么固执，态度都会柔和许多。因为你说你站在他的立场上也会这么想，同理心就不知不觉地展现出来了。

我们一生中接触到的大部分人其实都在渴望被他人真正地理解，所以，如果你能展现出宝贵的同理心，对方可能会很欣赏你。

❦ 102 ❦

借助道德的力量 I

每个人在本质上都是一个理想主义者，并且都会为自己的行为找理由。因此，想要影响他人，不妨借助道德的力量。

某房地产经纪人收到了某位租户的信息，这位租户表示不想再续租了，虽然按照合约还有四个月的租期。听到这个消息后，房地产经纪人非常生气。但是，他还是平静地跟租客说了这番话：

"根据我的从业经验和我观察人的能力，我觉得您并不是随随便便就违背承诺的人。您可以再考虑一下，下个月给我答复就行。到时候，如果您还是坚持不续租，我也会尊重您的决定。至于剩下几个月的房租，您不用补交，我就当自己判断失误了。但我还是觉得，您是一位信守承诺的人。"

之后，这位租户继续支付了租金。

103

借助道德的力量Ⅱ

某位企业家偶然发现了自己并不想公开的照片被刊登在报纸上，于是，他给报社写了一封信，上面写着：“今后请不要再把这张照片刊登出来了，不然我的母亲会难过的。”

他正是借助了母亲对孩子的爱，来引发大家的共鸣。

再举一个例子。某位商人想要阻止报社的新闻记者拍他的孩子，他并没有直接说：“别拍了！”而是换了一种说法：“我相信你们中很多人都有孩子，你们也不想让自己的孩子被公众过度关注吧？”

当然，这并不适用于所有的情况，也不一定适用于每个人，但还是值得一试的。

❀ 104 ❀

激发他人的好胜心

查尔斯·施瓦伯是一名伟大的商人。有一次，他名下的一家工厂生产量不达标，施瓦伯找来了那个厂长，问他："你在我心里一直是一位能干的人，可这次为什么没有达到预定的生产量呢？"厂长回答："我也不知道问题出在哪里，无论我怎么责骂他们都没用。"然后，施瓦伯向白班的工人问了一个问题："你们今天完成了多少台？"工人回答："6 台。"施瓦伯听罢什么也没说，转身在黑板上写下了一个大大的"6"字，便走了。夜班的工人来接班，知道了"6"字的意思后，激起了好胜心。第二天一大早，施瓦伯又去工厂，发现夜班的工人已把"6"字拭去，改成了大大的"7"字。而白班的工人看到黑板上的"7"字大受刺激，表现出了比夜班的工人更高的工作效率，那天，白班的工人下班时，在黑板上留下了一个大得出奇的"10"字。

没过多入，这家原来生产量落后的工厂，比其他任何一家工厂的生产量都多。

❧ 105 ❧

运用激将法

如果不是受到了刺激，西奥多·罗斯福可能无法成为一位受世人尊敬的总统。最初，他投身于美西战争，从古巴回去之后，他被推举为共和党纽约州州长候选人。但别的党派的人指责他并不是纽约居民，没有资格参选，西奥多·罗斯福因此受到了责骂与嘲笑，所以，他有了退出竞选的想法。

然而，参议院赫赫有名的议员托马斯·普拉特告诉他："如果你现在退出竞选的话，不就相当于向所有人宣告，美西战争中的勇士其实就是个懦夫了吗？"这个激将法不仅改变了西奥多·罗斯福的一生，也在一定程度上改写了美国的历史。

❄ 106 ❄

激发对方超越他人的愿望

纽约州州长艾尔·史密斯想任命一位官员去管理臭名昭著的星星监狱。于是，州长打电话给一个曾经担任另一所监狱狱长的路易斯·劳斯："你能接管星星监狱吗？现在那边需要一位有经验的人。"劳斯犹豫了，星星监狱是美国最危险的地方之一，那里的狱长总是一换再换，没有一个人能在那里长久地待下去。劳斯就他的未来职业生涯考虑了很久，他反问自己："那里到底值不值得让我赌上一切去冒险？"州长笑着说："你说你害怕，这一点我是非常能够理解的。那里确实是一个非常具有挑战性的地方，需要一个勇敢的大人物去坐镇。"

最后，他成为星星监狱的狱长，并且取得了巨大的成就。

激发对方超越他人的愿望，对一个敢于勇往直前的人来说，是最有效的激励手段。

❀ 107 ❀

给对方挑战自我的机会

著名的轮胎公司凡士通的创始人哈维·凡士通说过："据我所知，要吸引并留住优秀的人才，提供优厚的工资是一方面，更重要的是要为他们创造一些挑战自我的机会。"

每个雄心勃勃的人都在寻求机会挑战自我，挑战新事物。换句话说，这是一个表达自我的机会，也是一个证明自己价值的机会。如果在工作中为他人创造一些挑战的契机，我相信，每一个人都会更加努力。

说句题外话，大概每个地方都有一些诸如竞走、唤猪、吃饼等离奇古怪的竞赛，它们广受欢迎的原因就在于给每一个人提供了一个挑战自我、挑战新事物的机会。

四

不动声色地
改变他人

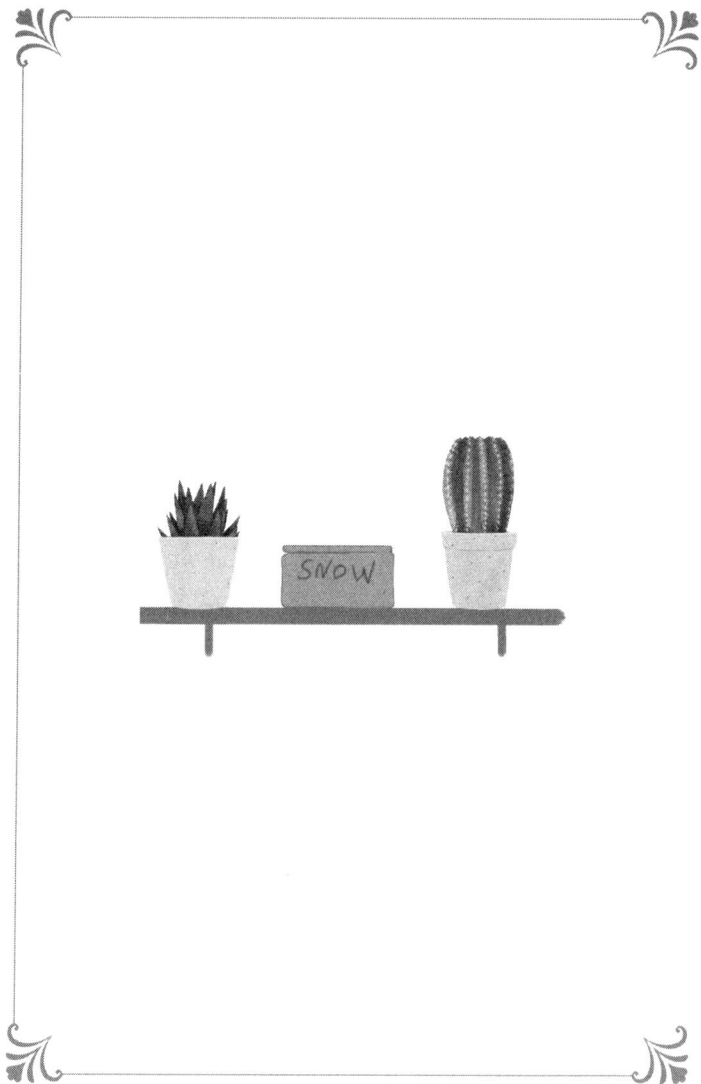

✤ 108 ✤

一瞬间抓住对方的心

当商人查尔斯·施瓦伯在午休期间巡视钢铁厂时，他发现几名工人在"禁烟"标语附近抽烟。

大家可以猜一下，这时候施瓦伯是怎么做的呢？

也许有人会说，施瓦伯一定指着那个牌子冲工人们吼道："你们是不是不识字？"

很遗憾，你猜错了。施瓦伯走向工人，把雪茄一支一支递给了工人，说道："如果你们要抽的话，可以去外面抽。"

违反规定被老板逮个正着的工人们深感不安，但是施瓦伯一句责骂都没有，反倒给了他们一个"礼物"，让他们知道，在老板眼中，自己是重要的。工人们瞬间被施瓦伯的魅力折服。这样善良、优秀的人，谁不爱戴呢？

❧ 109 ❧

让对方知道人无完人

几年前，我的侄女约瑟芬来纽约找我，说要当我的秘书。她从高中毕业到前来纽约找我，不过两三年的时间，社会经验非常少。

有一天，我本想指出她的错误，但是有一种声音一直在我心中回响："你需要冷静一下，虽然你现在比较有经验了，但20岁的时候你在做什么呢？你别忘了那时犯过的错误，当时的你甚至不如你侄女！"

从这件事以后，每当我想指出她的错误时，我都会这么跟她说："虽然你犯错了，但是我在像你这么年轻的时候犯的错比你还要多。但是，你觉得我对你的提醒是对的吗？"

如果你想要提醒一个人，可以试着将自己过去的犯错经历告诉他，这并没有什么大不了的，人无完人。这样，对方可能就会虚心接受你的提醒。

❈ 110 ❈

用"建议"代替"命令"

前些日子，我很荣幸地与著名作家埃达·塔贝尔进行了一番深刻的谈话。其中，我谈到了如何与他人相处的问题。她跟我讲了自己的经历。之前，塔贝尔在撰写企业家、法律学家、外交官欧文·扬的个人传记时，曾采访过与欧文·扬共事三年的人。

根据同事的说法，扬从来没有命令过任何人，他会用建议的方法来引导他人。比如，他不会说"你去做这个""你去做那个"之类的话，而是会说"如果这样做的话说不定会更好"，等等。

❧ 111 ❧

对失败者也要充满敬意

真正的大人物并不会只为了自己的胜利而开心，他会时刻惦记着顾全对方的面子。接下来我给大家举一个例子。

1922 年，在经历数百年的敌对后，土耳其人决定把希腊军队永久地驱逐出土耳其的领土。当希腊将军宣告投降时，土耳其民众对战败的敌人大肆谩骂。

但是，土耳其的穆斯塔法·凯末尔将军（土耳其共和国的第一任总统）却丝毫没有以一副胜利者的姿态嘲笑对手，反而对希腊将军说："你们一定很累吧，即使是最优秀的人也会有失败的时候。"

凯末尔将军虽然获得了胜利，但他也时刻记得保护对方的自尊心，即使是对失败者，也不忘为他们留足情面。

❧ 112 ❧

不要在公共场合斥责他人

　　很多人会在公共场合斥责部下、孩子或自己的另一半，但是，谁都不希望这种情况发生在自己身上。如果在众人面前受到了责骂，无论是大人或是小孩，都会想钻进地缝里。他会觉得自己没有面子，最重要的是，他会讨厌你，也会为自己的做法找正当的理由。

　　如果是只有你们两个人的场合，对方可能就不会感觉到自己丢面子了。所以，要注意言辞，不要在公共场合伤害对方。如果时刻记得尊重对方，对方也能虚心接受你说的话。总有一天你会需要别人的帮助，所以要坚决地遵守人际关系的原则。

❖ 113 ❖

为对方的进步而鼓掌

我的朋友彼得·巴罗是马戏团的一位艺人。我特别喜欢看他训练小狗。当小狗取得进步时，哪怕进步很小，他也会高兴地摸摸小狗的头，一边夸它做得好，一边给它小零食。

这并不是什么新奇的方法。自古以来，训练动物的人一直在沿用这个方法。

那么问题来了，为什么不对人类使用相同的方法呢？为什么要"打人一巴掌"而不是给别人"甜枣"呢？为什么要责骂而不是夸奖呢？

如果对方有进步，哪怕这个进步非常小，我们也要鼓励他。这样，对方才会为下一次的鼓励而努力。

❀ 114 ❀

"鼓励教育"成就歌唱家

一名 10 岁男孩在意大利那不勒斯的一家工厂工作。然而他厌倦工厂的工作，想要成为一名伟大的歌唱家，但他的第一位老师却告诉他："你唱歌太难听了，声音小，也不在调上。"听罢，这名男孩瞬间失去了信心。

回家之后，妈妈一边抱着他一边鼓励他："你一定可以成为一名成功的歌唱家，妈妈相信你！"母亲的这番话，让男孩重拾自信。之后，他一点一滴的进步都被母亲看在眼里。男孩从母亲那少得可怜的工资里得到了一部分的钱，在另一位老师的指导下，继续歌唱的梦想。

正是母亲的鼓励，才让这个男孩实现了梦想，他最终成为歌剧史上最有名的男高音歌唱家。这个男孩就是恩里科·卡鲁索。

❋ 115 ❋

"鼓励教育"成就作家

很久以前，伦敦有一位年轻人，他的理想是成为一名作家。他的经济情况非常差，只接受过四年的教育，中途因为自己的父亲负债进监狱而变得更加拮据。

某一天，他终于找到了一份在仓库的工作，但是，工作环境非常差，晚上只能与其他两个男孩一起睡在一小间暗房里。

他对自己的写作水平从来都没有什么自信，但有一次，他趁其他人不注意偷偷溜了出去，把自己的作品寄给各大出版社。几乎所有投稿都被回绝了，但最终还是成功地发表了一篇。虽然没有收到稿费，但是，他却得到了某位编辑的认可。他为自己这么长时间的努力被人认可而激动不已。

如果没有那个编辑的认可和鼓励，可能他还是那个默默无名的工人。他就是查尔斯·狄更斯，一个备受世人喜爱的伟大作家。

❋ 116 ❋

让对方发掘自己的潜能

让我们谈一谈如何改变他人吧。我觉得最有效的方法是，让对方发现自己尚未被挖掘的才能。

这绝不是夸大其词。哈佛教授、伟大心理学家威廉·詹姆斯曾说过："我们现在只不过运用了 50% 的才能。人类这种生物非常奇妙，他们拥有各种各样的能力，而有些能力还没被挖掘出来，所以他们只会运用那些已经被挖掘出来的能力。"

确实是这样。其实你有很多才能，只不过有一些没有被发现罢了。

❖ 117 ❖

要对他人有所期待

如果你想让对方在某个方面变得更好，你只需要以一种他已经具备这种资质的眼光去对待他即可。

如果你告诉他，他已经达到了期望的标准，那他一定会为了不让你失望，而更加努力。

鲍德温汽车公司总裁曾透露他是如何成功地当一名领导者的：

"如果得到了自己尊敬的人的高度赞赏，那么我敢保证，大多数人会为了这个肯定而更加努力。"

🍃 118 🍃

相信对方

"当听到'我相信你'之类的话语时，即使是小偷也会为了你的'相信'而努力。"美国星星监狱的狱长路易斯·劳斯说道。

接着，狱长又说了这番话："如果你必须与诈骗者打交道，那么只有一种方法可以占据优势。哪怕对方是诈骗犯，你也要把他当作一个值得相信的人来看待。这样一来，对方会觉得得到了你的信任而深感光荣，自然也会被你感化。"

❀ 119 ❀

惩治"熊孩子"

某位女士遇到了大麻烦，她家的草坪被几个"熊孩子"弄得一片狼藉。她非常头疼，不知道如何惩治这群"熊孩子"。说教、责骂似乎都行不通，于是，她决定另辟蹊径，她赋予了其中最捣蛋的孩子"小警察"的头衔，让他监督管理那些随意闯入她家草坪的人，问题很快便得到了解决。

这个道理大家都能懂吧——给对方一个头衔，对方便会为了你赋予他的这个光荣头衔而努力地达到你的期望，这是最符合人类本性且有效的方法。

❖ 120 ❖

给别人留下好印象

最近，某家报纸刊登出这样一则招聘广告："我司正在寻找那些有特殊能力和经验的人。"一个名叫柯柏利斯的人看到了这则广告，并按照报纸上的信箱发去简历，几天后，他接到去公司面试的回复。在等待面试的那段时间里，他打听了很多与这家公司的总裁相关的事迹。

面试时候他是这么说的："如果我今后有幸在您手下干活的话，那将会是值得我骄傲一辈子的事，28 年前，贵公司创业之初只有两个人，而如今已成为这样一家大型公司，真是太厉害了！"

在某种程度上，柯柏利斯事先对这家公司总裁的调查，其实相当于展示出了对这家公司的兴趣。这让他在面试的过程中，给总裁留下了好印象。

❖ 121 ❖

如何理解"在人之上"

老子是公元前5世纪中国的一位哲学家，这位贤者解释的谦卑的重要性，对于今天的我们来说，仍然有用。

无数山间溪流之所以会涌入河流和大海，是因为河流和大海的海拔大都低于山间溪流。这也是为什么河流和大海可以汇聚无数山涧的原因。同理，如果想要站在别人之上，聪明的人反而会选择"在人之下"。为什么选择"在人之下"呢？因为贤者即使比别人地位高，也会展现出谦卑的姿态，让对方感觉不到丝毫的压力。

❧ 122 ❧

向"敌人"表达敬意

———————◆———————

　　年轻时的本杰明·富兰克林想成为州议会议员，但议会中一名有钱有势的议员却非常讨厌他。这显然对自己非常不利。为了改变这种情形，让对方喜欢上自己，富兰克林都做了哪些努力呢？

　　富兰克林用了一个非常巧妙的方法，他请那位议员帮他一个小忙。富兰克林听说那位议员珍藏着一本非常宝贵的书，于是，他就给议员写信，恳求他能够把书借给自己几天。结果，那位议员马上叫人把书给富兰克林送了过去，大约一周之后，富兰克林把书完好无损地归还给了议员，并附上了一封感谢信。没过多久，当两人再次碰面时，议员竟然主动向富兰克林示好。从那以后，他们成了非常要好的朋友。

　　富兰克林对"敌人"的藏书表达了赞美，不仅让"敌人"的虚荣心得到了满足，而且还成功地把"敌人"变成了一辈子的朋友。

❈ 123 ❈

学会打开"敌人"的心门

销售管道的阿尔伯特·阿瑟尔一直想拿到一位管道维修工的订单。然而，管道维修工根本不买阿瑟尔的账。

于是，阿瑟尔就想到了一个办法，他决定在管道维修工的工作地点——皇后村开设一家分公司。

有一天，阿瑟尔主动拜访了那位管道维修工，并说道："今天我来拜访您，主要目的并不是向您推销产品。而是想要咨询您一件事，我想在皇后村开一家分公司，您是当地人，所以我想问问您，我这个想法风险大不大。"

管道维修工点点头，向他解释了一个多小时皇后村的情况，并对他开分公司的决定表示非常赞同，还教给他如何选择和购买土地。最终，阿瑟尔与那位管道工成了好朋友，也接到了许多订单。

这个故事说明，满足对方的自尊心，打开对方的心门，可能会发生意想不到的好事。

五

建立和谐家庭关系的诀窍

✖ 124 ✖

婚姻并不是坟墓

报纸上有这样一篇有趣的报道。每一个要结婚的男人都应该学习一下。

虽然说，在谈恋爱的时候是否夸奖女性是男性的自由，但结婚之后就不一样了，婚后，男性夸奖女性是义不容辞的义务。说白了，婚姻生活并不是给人们一个毫不顾忌地交换意见的机会，而是给人们一个能够互相为对方着想的契机。也就是说，婚姻是充满爱意的。

如果你想每天都过得开心，就不要把你的妻子与你的母亲做比较，不要说她家务做得不如你的母亲。你应该对你的妻子表达感激，要让她知道，她在你的眼里永远充满魅力。

❈ **125** ❈

相互欣赏

英国政治家本杰明·迪斯雷利在 35 岁的时候与一位名叫玛丽的女人结婚了。玛丽是一位大他 15 岁的寡妇。当时，他因事业和投机失败而破产，这笔财产损失大到惊人，按理说他们的日子应该很艰难，但他们的婚姻生活却非常幸福。

每当迪斯雷利拖着疲惫不堪的身躯回到家时，玛丽都会说一些治愈的话，尽力扮演好一个"医生"的角色。同样，有时候玛丽做某件事失败了，迪斯雷利也不会指责或批评她，只是默默地把她当作自己生命中最重要的人来对待。当有人批评玛丽时，他会尽全力保护自己的爱妻。

在迪斯雷利的一生中，他都把自己的妻子摆在第一位，尽全力呵护她、爱护她。在他成为首相之后，他说服维多利亚女王给予他的妻子贵族身份，而他自己成为贵族却是在妻子逝世之后的事情了。

✤ 126 ✤

让自己变得优秀

　　婚姻生活成功的秘诀在于，你不只是找一个优秀的人结婚，而且要把自己变成一个优秀的人。

❧ 127 ❧

夸奖妻子的厨艺

在俄罗斯帝国时期，上层阶级都喜欢做同一件事——在吃完一顿丰盛的晚餐之后把厨师叫到房间里来，好好地夸奖一番厨师的厨艺。

你想养成夸奖自己妻子厨艺的好习惯吗？我来告诉你该怎么做，不要一言不发只顾闷着头吃东西，如果你觉得妻子的厨艺还可以，就不要吝啬你的赞美之词，好好地夸奖她吧。这既是餐桌礼仪，也是夫妻生活美满的秘诀。

❋ 128 ❋

夸奖女性的穿着打扮

很多男人都不爱打扮自己，甚至看上去十分邋遢，而女人通常会用心地把自己打扮得漂漂亮亮。所以，男人应该夸奖女人的这种"用心"。

几年前，我的祖母去世了，享年 98 岁。在她晚年的时候，我的祖母向我们展示了她年轻时候拍的照片，但是，由于她的视力不太好，所以只能让我帮她看看她在照片里穿着什么样的衣服。

年迈体弱的百岁老人，竟然也在意她自己 30 年前的穿着打扮是否好看。我感到十分震惊，同时也被深深地感动了。那个画面至今还在我的脑海里不断地循环播放。

❧ 129 ❧

经常给妻子送花

自古以来，鲜花一直被认为是"爱"的礼物。买花并不会花费多少钱，你完全可以在路过花店的时候，稍作停留，买一束花回家。这种事不用非得等到特殊的日子才去做。

为什么许多丈夫都不会给妻子送花呢？明天，你试着买一束玫瑰花给妻子，我敢保证会发生意想不到的浪漫故事。

女人都把生日和纪念日看得很重。虽然我也不知道为什么她们会如此看重，但是，请男人们一定不要忘记那些重要的日子。

❦ 130 ❦

婚姻生活是小事的累积

———————

有一位处理过约 4 万起离婚案件，并让 2000 对以上的夫妻和解的法官曾经说过这样一句话：

"引起夫妻不和的大都不是什么大事，而是一些很小的事情。每天早上，丈夫出门工作之前，跟妻子握握手就有可能避免离婚的发生。"

大多数男人忽略了这些小事的重要性。

从长久来看，婚姻生活就是一件件小事的累积，如果忽略这一事实，婚姻就变成了折磨。

❀ 131 ❀

对另一半也要以礼相待

不讲礼貌会破坏人际关系，这一点每个人都应该很清楚吧。遗憾的是，我们对待别人彬彬有礼，对待另一半却忘记了"礼仪"二字。

比如，即使别人对我们讲了之前说过的话，我们通常也不会说"又是那件事，我都听你说了几百次了！"但是，我们却经常对自己的另一半说这样的话。

作家奥利弗·温德尔·霍姆斯曾经写过一本名为《早餐桌独裁者》的文集，但他在自己的家庭中却并不是"独裁者"。即使在心情低落的时候，他也懂得照顾家人的情绪，不让家人担心。他擅于忍受痛苦，并且知道照顾另一半的情绪，不会给另一半带来负担。

但很多人，如果销售额没有增长或者被老板训斥，就会把不满发泄在自己的另一半身上。

❈ 132 ❈

为对方考虑

奥利弗·巴特菲尔德做了 18 年的牧师之后，成为一名家庭法律顾问。他基于多年的经验，说了这番话：

"很多夫妻的问题并没有严重到离婚，却已选择分居，他们好像生活在地狱里一般。圆满的婚姻生活并不是偶然的产物，而是仔细斟酌、慎重决定之后的结果。比起讨论婚姻生活的设想，不如脚踏实地地为对方着想。"

❧ 133 ❧

如何更好地关心另一半

美国诗人埃德娜·圣·文森特·米莱用两行诗简明扼要地表现了婚姻的真谛。

爱情走向消亡本身并不可悲。

可悲的是，一些小事促使爱情消亡。

我们每个人都要记住这首诗。

如今，世界上每十分钟就有一对夫妻选择离婚，而其中真正遭遇了不可抗拒的悲剧而选择离婚的夫妻又有多少呢？

如果你能与那些正在办理离婚的男女坐下来交谈一番，就能真正明白米莱笔下"一些小事促使爱情消亡"到底是什么意思了。

❋ 134 ❋

珍惜当下

"现在的这个瞬间，一辈子只有一次。所以我要尽我所能，把最好的爱献给另一半。这件事不可能提前做，也不能无限期推迟，就在此刻，我就要这么做。"

我建议你把这句话写在纸上，贴在墙上。为了幸福的婚姻生活，你必须要从生活中的每一件小事做起。

❈ 135 ❈

照顾另一半的情绪

我们常常会忽略另一半的情绪。男人不会随意训斥自己的客户或者同事，却经常用粗暴的言辞对自己的妻子。

但是，如果想要过上幸福的生活，男人们就要做到，对待婚姻生活要比对待事业更上心。

🎀 136 🎀

要懂得"相敬如宾"

世界级指挥家沃尔特·达姆罗什与美国前国务卿詹姆斯·布莱恩的女儿马克莱特结婚了，他们一直过着令人羡慕的婚姻生活。

这其中的秘密是什么？

马克莱特太太说："虽然慎重选择另一半非常重要，但更重要的是，不要忘记结了婚之后也要对另一半彬彬有礼。对丈夫讲礼貌是一名合格妻子的责任与义务。面对蛮不讲理的女性，我相信，绝大多数男人都不想接近。"

这个道理不仅适用于女人，也同样适用于男人。

如果你一直蛮不讲理地对待另一半，爱情也会渐渐消失。虽然每个人都懂得这个道理，但是，很多人都只对陌生人讲礼貌，而不对另一半讲礼貌。

❧ 137 ❧

发自肺腑地感谢

美国著名喜剧演员艾迪·坎特接受采访时说："我现在所拥有的东西，都是妻子给我的。我们是青梅竹马的伴侣，在我从男孩成为真正的男人的整个过程中，都有她陪在我身边，她教会我如何成为一个成熟的男人。她给了我美好的家庭，给了我五个可爱的小天使，如果谁觉得我是一个成功人士的话，可以说，这全都是我妻子的功劳。"

奥斯卡奖获得者沃纳·巴克斯特的婚姻生活也非常美满。当他的妻子威尼弗雷德·布莱森决定嫁给他时，便毅然决然放弃了自己华丽的舞台女演员的职业生涯。沃纳·巴克斯特说："虽然我的妻子失去了在舞台上享受灯光与喝彩的机会，但我会尽我所能在我们的家庭里，为她打上唯一属于她的一道灯光，并为她鼓掌、喝彩。"在婚姻生活中获得幸福的一个必不可缺的条件是，丈夫要学会一直为妻子喝彩、鼓掌。

✵ 138 ✵

婚姻成功的概率更高

婚姻生活能够获得幸福的可能性究竟有多大呢？

根据社会学家的说法，男人在婚姻里取得成功比在事业里取得成功的概率要高得多。

七成的男性开办杂货店都不会成功，而七成选择结婚的男女都获得了一段幸福的婚姻。

然而，遗憾的是，很多男人都不会为了获得一段幸福的婚姻生活而努力。

❀ 139 ❀

不要埋怨另一半

大英帝国的两位首相迪斯雷利和格莱斯顿都是不好惹的人，虽然他们在议会上经常就各种主题进行激烈的辩论，但他们两个人都各自拥有圆满的家庭。

格莱斯顿虽然在政界是出了名的暴脾气，但他在家里从来都不会批评妻子。

俄国女沙皇叶卡捷琳娜二世也是个脾气暴躁的人，但她在家里从来都不会埋怨另一半。虽然她掌握着数千万国民的"生杀大权"，并且从政治层面来看，她也是一个冷酷无情的暴君，她曾在战争中杀死了许多敌人，然而，她在家里哪怕吃烧焦的肉都毫无怨言，并微笑对待家人。人们应该学习她在家里的这种态度。

❖ 140 ❖

敞开心扉

如果你的对手厌恶你，你就无法用任何逻辑来说服他们。

更年期的父母、动不动就发火的老板、总是高高在上的丈夫以及歇斯底里的妻子都应该明白，如果一直用不讨喜的方法来对待别人，是不会有人听他们的话的。

用强硬的态度说服对方是非常幼稚的做法。但是，如果你能够敞开心扉并友善地对待对方，那么，你的伴侣也一定会敞开心扉，愉快地接受你说的话。

❈ 141 ❈

不要无缘无故责骂孩子

这是一位父亲写的检讨书：

这是半夜的时候，爸爸趁你睡着，偷偷溜进你的房间，向你写下的检讨书。就在此刻，看着你熟睡的脸庞，我非常后悔今天对你的所作所为。

今天我真的太生气了，所以才狠狠地骂了你。

即使在吃早饭的时候，我也没停下对你的责骂。比如骂你支着胳膊肘吃饭，比如骂你没有好好咀嚼食物就吞下去，再比如骂你在面包上抹了太多的黄油，等等，我找了各种理由责骂你。

为什么我总是责骂你呢？你明明已经做得够好了。你要记住，我是爱你的，我也跟你约定好，从明天起，我不会再像以前一样无缘无故地责骂你，而是扮演好一个父亲的角色。我会是你的好爸爸、好朋友。

❋ 142 ❋

关心父母

百老汇著名导演乔治·M.科汉即使工作繁忙，也从未忘记他每天必须做的事。

他每天都给自己的母亲打两通电话，这个习惯一直持续到母亲去世。

除非那种特别忙的时候，其余时间基本都能保证每天打两通电话。他只是想让母亲听到自己的声音，希望通过这种方式告诉母亲，无论在何处，自己一直在牵挂她。

后　记

　　我想很多人都读过世界著名自我启发大师卡耐基的代表作《人性的弱点》吧。

　　而这次，Discover21 出版社想要出版一本与大家熟悉的 1981 年修订版有所不同，又能把 1936 年最初版简洁地总结一下的作品，因此才有了这本"超译本"。

　　本书适用于三类人：

　　一是想在工作、学校、家庭和生活中建立起良好人际关系的人。

　　二是想要在事业中取得成功、希望升职加薪的人。

　　三是想要跟亲近的人或者中意的异性愉快相处的人。

　　虽然我不能保证仅凭这样一本书就能达到上述效果，但是，我相信无论东方西方，无论男女老少，每一位接触过这本书的人都会给予强烈的肯定："卡耐基教给我们的方法真的非常有效。"肯定会有很多人后悔没有早一点学到这些方法。我希望每一位读者能够利用这次机会，好好地体验一下这些方法带来的效果。

　　另外，感谢创元社和新潮社能够出版《如何赢得友谊及影响他人》这本书，如果您有兴趣，请您一定要读一下。

　　最后，我想对 Discover21 出版社的藤田浩芳先生表示衷心的感谢，没有他的提议，也就没有今天这本书。

弓场隆